Gallois

Capitaine au 3e Voltigeurs, Garde Impériale

LA COLONNE
DE
LA GRANDE ARMÉE
D'AUSTERLITZ,
OU
DE LA VICTOIRE.

DE L'IMPRIMERIE DE FIRMIN DIDOT, RUE JACOB, N° 24.

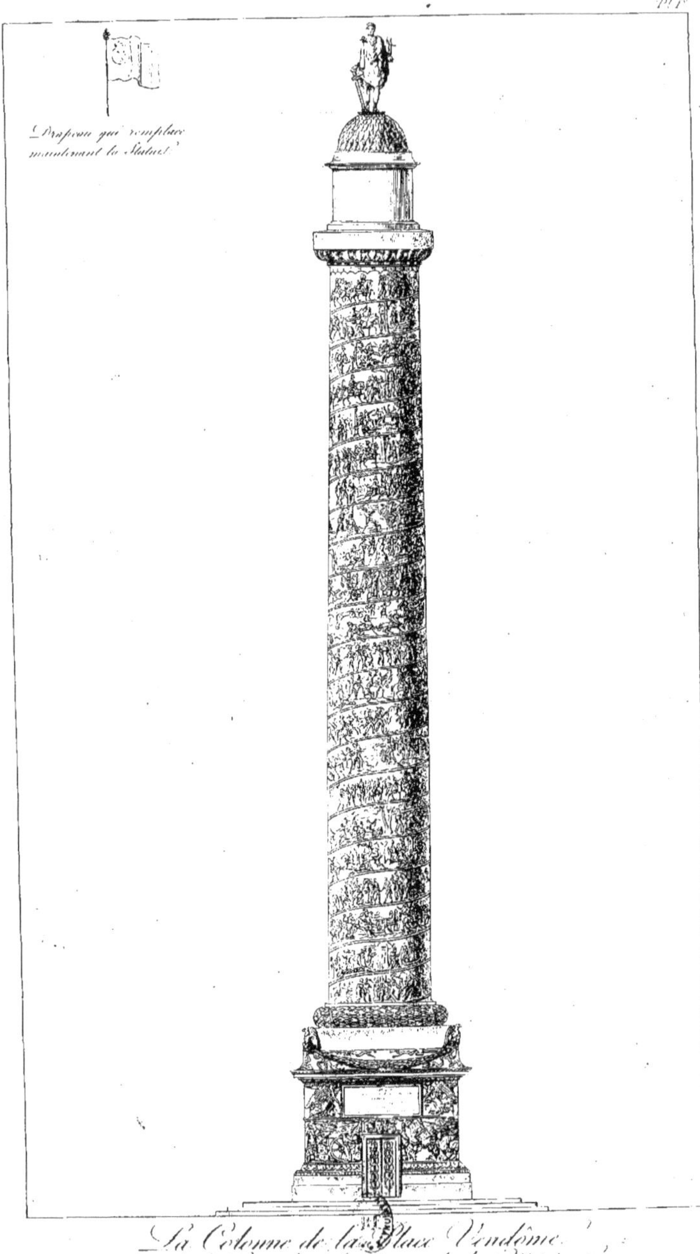

La Colonne de la Place Vendôme,
dite de la Grande Armée ou de la Victoire.

LA COLONNE
DE
LA GRANDE ARMÉE
D'AUSTERLITZ,
OU
DE LA VICTOIRE,

MONUMENT TRIOMPHAL
ÉRIGÉ EN BRONZE, SUR LA PLACE VENDOME DE PARIS.

DESCRIPTION, ACCOMPAGNÉE DE 36 PLANCHES REPRÉSENTANT LA VUE GÉNÉRALE, LES MÉDAILLES, PIÉDESTAUX, BAS-RELIEFS ET STATUE DONT SE COMPOSE CE MONUMENT.

PAR AMBROISE TARDIEU,
AUTEUR DE LA COLLECTION DES PORTRAITS DES DÉPUTÉS, ÉCRIVAINS, ET PAIRS CONSTITUTIONNELS.

A PARIS,
CHEZ AMBROISE TARDIEU, GRAVEUR, RUE DU BATTOIR ST-ANDRÉ, N° 12.

M DCCC XXII.

AVERTISSEMENT.

La Colonne de la Grande Armée, ce monument impérissable de la gloire des soldats francais, était peu connue dans tous ses détails, son élévation empêchant l'œil de distinguer jusqu'à son sommet les sculptures qui l'entourent. Les bas-reliefs, au nombre de quatre-vingts, représentent, dans une suite de belles compositions, tous les faits importants de l'étonnante campagne de 1805, depuis la levée du camp de Boulogne, jusqu'à la paix de Presbourg.

J'ai pensé qu'il serait agréable aux nombreux admirateurs de notre gloire nationale, et aux braves qui l'ont élevée à un si haut degré, de posséder une description exacte du seul monument érigé à la Grande Armée par son illustre chef. En conséquence, j'ai dessiné et gravé avec le plus grand soin la vue générale, les piédestaux, bas-reliefs, statue et médailles dont il se compose, et n'ai rien négligé pour que l'exécution réponde à la noblesse du sujet, et que cet ouvrage forme, pour ainsi dire, le chapiteau du beau monument des *Victoires et Conquêtes* élevé par M. Panckoucke à la valeur française.

Ambroise TARDIEU.

LA COLONNE

DE LA GRANDE ARMÉE.

TRAJAN après avoir vaincu les Daces, leur avait accordé la paix. La mauvaise foi de leur prince (1) suscita de nouveau la guerre, et la victoire guida une seconde fois les aigles romaines jusque dans le cœur de la Dacie (2). C'est au retour de cette seconde expédition, que Trajan fit élever à Rome, au milieu d'une place publique, une colonne à la gloire de l'armée dont il avait partagé toutes les fatigues. Ce monument, parvenu jusqu'à nous, offre à notre admiration une des plus belles pages de l'histoire militaire de l'antiquité.

Des rapprochements qu'il est superflu d'indiquer déterminèrent le choix d'une colonne triomphale pour consacrer les exploits de la campagne si rapide, si brillante et si décisive de 1805. A l'exemple de Trajan, Napoléon en fit hommage à l'armée qui avait combattu sous ses ordres; mais l'imitation devait surpasser le modèle, et l'on sut ajouter à l'éclat du trophée en faisant servir à sa construction les dépouilles mêmes de l'ennemi (3).

L'histoire en traçant un jour le tableau de cette nouvelle guerre recherchera les causes qui l'ont provoquée; elle examinera s'il faut en accuser l'ambition de Napoléon plutôt que les intrigues du cabinet de Londres et la vénalité de quel-

---

(1) Selon Dion, la cause du renouvellement de la guerre est attribuée à Décébale, qui violait ouvertement les conditions du dernier traité de paix. Il fabriquait des armes, établissait des forteresses et invitait les nations voisines à former une ligue avec lui. Pline le jeune ajoute qu'il s'empara à main armée d'un canton dont le peuple était l'allié des Romains.

(2) Dacie, vaste province arrosée par le Danube. Elle comprenait le pays connu maintenant sous le nom de Hongrie, et confinait à la Pannonie, aujourd'hui l'Autriche.

(3) C'est avec le bronze de l'artillerie autrichienne et russe que les bas-reliefs de la colonne ont été fondus. Ceux de la colonne Trajane et de la colonne Antonine sont en marbre.

ques hommes d'état. Notre tâche est moins épineuse. Les arts occupent ici le premier rang, et l'explication des évènements se réduit à-peu-près pour nous à l'explication des sculptures qui les représentent. On se bornera donc au simple récit des faits dégagés de toutes réflexions politiques, mais puisés aux meilleures sources. Le plan de cette description était indiqué par la gravure. Près de la vue générale de la colonne, on a placé un aperçu rapide des opérations de la campagne, et les détails particuliers de chaque action se retrouvent à côté de chaque planche qui en offre le sujet. Par là le lecteur peut, en prenant une connaissance exacte du monument, suivre sans peine la marche des évènements et y rattacher sans efforts les circonstances les plus importantes qui les ont accompagnés.

Pendant l'intervalle de paix dont jouissait le Continent, la France avait pris une attitude menaçante envers la Grande-Bretagne, la seule puissance avec laquelle la guerre avait recommencé. Une flottille nombreuse et bien équipée était rassemblée dans les ports de la Manche. Une partie de l'armée était exercée à la manœuvre de mer; l'autre, campée sur les côtes, n'attendait pour s'embarquer que le premier signal de son chef, qui s'était rendu à Boulogne aux approches de la saison (4 août) la plus favorable au succès de l'entreprise qu'il paraissait méditer: tout enfin semblait présager la tentative prochaine d'une descente en Angleterre.

Telles étaient les conjonctures où Napoléon acquit la certitude qu'un traité d'alliance offensive contre la France venait d'être conclu entre la Russie, l'Angleterre et l'Autriche. Les dispositions hostiles de cette dernière puissance lui étaient déja connues; il en avait témoigné quelque mécontentement, on lui avait répondu par des protestations vagues de bonne intelligence. Cette fois ses plaintes furent plus directes, la réponse fut aussi moins ambiguë. On manifesta des prétentions qu'on se croyait en mesure de soutenir par la force des armes long-temps avant que Napoléon fût en état de recourir à la même voie pour s'y opposer. Sa prévoyance et sa prodigieuse activité déjouèrent les calculs de ses ennemis. L'ordre fut donné de lever le camp de Boulogne, et les différents corps d'armée s'ébranlèrent à la fois pour se porter sur les bords du Rhin aux points qui leur étaient assignés.

De son côté l'armée autrichienne s'était mise en mouvement sans attendre l'arrivée des trois armées russes, que l'empereur Alexandre s'était engagé de fournir à la coalition. Dès les premiers jours de septembre, l'avant-garde avait marché sur la Bavière et s'était emparée de Munich qu'elle avait trouvée sans défense. A la nouvelle de cette violation du territoire de son allié, Napoléon se rend au sénat, il y fait connaître les efforts qu'il avait tentés pour conserver la paix et les motifs légitimes qu'il croyait avoir de pousser vigoureusement la guerre. Des mesures de défense pour les côtes, et de sûreté pour l'intérieur de l'empire sont proposées et décrétées sur-le-champ; il quitte la capitale et va prendre le commandement de l'armée.

Déja les Français effectuaient leur passage, pour se développer de l'autre côté du Rhin, sur une ligne d'opérations qui s'étendait du centre du Hanovre jusqu'aux lisières de la Suisse. Des négociations ménagées d'avance faisaient rencontrer dans presque tous les états de la confédération germanique, ou des communications libres, ou des auxiliaires puissants. C'est ainsi que le corps du maréchal Bernadotte, placé à l'extrême gauche, obtint la facilité de traverser la Hesse électorale; c'est ainsi que plusieurs corps du centre trouvèrent dans les troupes des électeurs de Wurtemberg, de Bade et de Bavière, des renforts qui vinrent grossir leurs rangs. Jamais on n'avait vu tant de rapidité dans les marches, un si parfait ensemble dans les manœuvres. En peu de jours, cette masse opéra un mouvement de conversion dont la droite était le pivot, et qui la porta en face du Danube, autour de la Bavière et au-delà des positions de l'ennemi.

La division du général Vandamme eut l'honneur de porter les premiers coups à Donawerth, le 6 octobre, dix jours après le passage du Rhin et un mois après le premier mouvement de l'armée autrichienne. Cet engagement et celui du lendemain sur les bords du Lech, amenèrent le combat plus décisif de Wertingen; avantage d'un heureux augure pour la campagne; il doublait l'enthousiasme des Français et diminuait, dans la même proportion, la confiance des Autrichiens.

Presque au même moment et sur un point différent, un autre combat livré et gagné à Guntzbourg par le maréchal Ney acheva de déconcerter les premières opérations de l'ennemi. Le général Mack, commandant en chef de l'armée autrichienne, voyant ainsi ses lignes rompues et coupées dans plusieurs directions, fut réduit à concentrer ses forces à Ulm et à Memmingen qu'il avait fait fortifier à la hâte. Ce n'était là qu'un faible rempart contre l'impétuosité française. Ces deux places furent investies et obligées de se rendre. Memmingen se soumit la première; Ulm opposa une résistance plus opiniâtre, mais elle ne put la prolonger. La capitulation de ces deux villes livra aux Français un nombre considérable de prisonniers et un matériel immense. Ainsi, dans les dix jours qui suivirent la première attaque, l'armée ennemie, partie prisonnière de guerre, partie désorganisée, avait évacué la Bavière et laissé à découvert les frontières de l'Autriche.

Après avoir défait l'armée autrichienne sur le Danube, Napoléon en poursuivit les débris sur l'Inn. Il voulait s'opposer à leur jonction avec les Russes, dont l'avant-garde s'avançait à marches forcées. La grande armée se concentra en Bavière, Munich devint le point central des opérations. C'est de là que tous les corps, à l'exception du septième, reçurent l'ordre de leur nouvelle destination. L'armée d'Italie suivit ce mouvement; elle s'était bornée jusque-là à contenir le corps de l'archiduc Charles, sur l'Adige. Le maréchal Masséna prit l'offensive, et manœuvra de façon, en repoussant l'ennemi par les gorges du Tyrol, à pouvoir se réunir au maréchal Ney, dont le corps formait l'aile droite de la grande armée.

Cette seconde marche des légions françaises ne fut ni moins prompte ni moins heureuse que la première; elle ne fut ralentie ni par la difficulté des chemins, ni par la rigueur de la saison, ni par la multiplicité des combats qu'il fallait livrer sans interruption. En vingt jours, le quartier-général de l'empereur fut transféré de la capitale de la Bavière dans celle de l'Autriche. L'avantage demeura constamment du côté des Français; la première armée russe elle-même, avec laquelle on fut à même de se mesurer de l'autre côté de l'Ems, n'opposa qu'une faible résistance dans tous les combats où elle prit part, son intention n'étant point de livrer bataille avant la réunion de toutes ses forces. Aussi, après avoir éprouvé plusieurs échecs, notamment à Amstetten et à Dierustein, elle abandonna le pays de la Basse-Autriche.

A la prise de Vienne succéda celle de Presbourg. Ces deux capitales fournirent d'abondantes ressources à l'armée française, qui, après y avoir pris quelque repos, dut se préparer à de nouveaux combats contre les Russes, qui s'étaient concentrés en Moravie, et qui s'y étaient renforcés de tout ce que l'on avait pu rassembler de troupes et de recrues autrichiennes. On marche à leur rencontre; ce mouvement forme la troisième partie de la campagne, que l'ennemi cherche vainement à prolonger par de feintes négociations. L'armistice que signe le prince Murat, et que Napoléon ne veut pas ratifier, est suivi du combat meurtrier de Genthdorff; et les propositions qu'on veut faire devant Olmutz, au nom des deux empereurs Alexandre et François, ne servent qu'à hâter les préparatifs d'une grande bataille.

Le moment était arrivé, l'armée austro-russe comptait dans ses rangs cent cinq mille combattants environ. Ce nombre, supérieur à celui de l'armée française, réduite par les garnisons qu'elle avait laissées dans toutes les villes de l'Autriche, avait rendu quelque confiance à l'ennemi. Napoléon mit cette disposition à profit en affectant une circonspection qu'on prit pour de la crainte; il avait fait choix de son terrain. L'armée eut ordre de se replier à la première attaque. Ce mouvement rétrograde et quelques ouvertures d'accommodement achevèrent de faire prendre le change.

Ce fut le 2 décembre, jour anniversaire du sacre de Napoléon, que se livra la bataille d'Austerlitz, long-temps appelée par les soldats la bataille des trois empereurs. A la pointe du jour Napoléon, entouré de son état-major, donna lui-même ses instructions à chaque chef de corps. Il avait visité tous les avant-postes pendant la nuit; il passa de nouveau dans les rangs, et la canonnade commença à se faire entendre à la droite. Bientôt elle se prolongea sur toute la ligne; et, tandis que près de 200 mille hommes étaient aux mains, près de 300 pièces de canon faisaient un feu continuel. Il n'y avait pas une heure qu'on se battait, et déjà la gauche de l'ennemi était coupée, et sa droite était repoussée au quartier-général d'Austerlitz, des hauteurs duquel les deux empereurs purent contempler ce triste spectacle. A une heure après-midi la victoire était décidée, elle n'avait pas été un instant douteuse. La canonnade ne se soutenait plus qu'à la droite; cette aile de l'armée austro-russe, chassée de toutes ses positions, était acculée à un lac couvert de glace; Napoléon s'y porte avec vingt pièces d'artillerie, le carnage devient horrible. L'ennemi n'ayant d'autre retraite que le lac, en tente le passage; la glace se rompt sous ses pas, et près de quinze mille hommes disparaissent sous les eaux.

Cette victoire fut bientôt suivie d'un armistice, puis de la demande d'une entrevue de la part de l'empereur d'Autriche, de la retraite des Russes, et de la signature de la paix. Trois mois suffirent pour tant de travaux; la grande armée avait passé le Rhin le 26 septembre, et ce fut le 26 décembre que les plénipotentiaires des trois puissances belligérantes signèrent à Presbourg le traité de paix. Les résultats de cette guerre ne furent pas seulement glorieux pour la France, ils changèrent l'équilibre de l'Europe. La prépondérance de l'empire français fut sans rivale sur le continent. Les états de quelques princes de la confédération germanique furent érigés en royaumes. Leur position changea de face, ils devinrent le boulevard de la France, de point d'attaque qu'ils avaient été jusque-là. Venise et plusieurs possessions autrichiennes furent annexées, soit au royaume d'Italie, soit à l'empire. Enfin deux Français, en passant sur le trône de Naples et sur celui de Suède, dont les souverains avaient accédé à la coalition, assurèrent, pour le moment, à Napoléon, des alliés fidèles là où il n'avait encore compté que des ennemis.

Le monument destiné à perpétuer de si grands souvenirs a été arrêté presque sur le champ de bataille, M. Denon en eut la première pensée. Il n'avait presque point quitté l'empereur pendant cette campagne; au retour d'Austerlitz à Schœnbrunn, il proposa à Napoléon de transformer en colonne commémorative des triomphes de la campagne, la *Colonne départementale* (1), dont on n'avait encore posé que la première pierre. Ce projet fut agréé, et l'on s'occupa bientôt

(1) Cette colonne, que devait surmonter la statue de Charlemagne, avait pour objet de constater l'adhésion unanime de la France à l'établissement de l'empire.

de le mettre à exécution. Les travaux en furent poussés avec une activité telle, qu'ils ont été achevés en moins de quatre ans. Paris est sans doute la seule ville au monde, où les arts puissent opérer de pareils prodiges dans un espace de temps aussi court. Où trouver ailleurs une réunion assez nombreuse d'artistes et d'ouvriers capables de concourir en même temps à des travaux si variés? L'ensemble qui régnait dans toutes les parties de cette construction mérite d'être remarqué. A mesure que le massif en pierre s'élevait, dessinateurs, sculpteurs, fondeurs et ciseleurs étaient employés à donner au bronze la forme qui devait revêtir chaque assise. Tout ce qui tenait à cette campagne semblait devoir marcher rapidement et de front.

Quoique son origine soit placée bien près de nous, ce monument a déja subi dans sa dénomination plusieurs métamorphoses. Il a été successivement appelé colonne d'Austerlitz, de la grande armée, de la victoire, et de la place Vendôme. Ce dernier nom est encore celui qu'on lui donne aujourd'hui; mais, quel que soit celui que la postérité lui conserve, la destination de la colonne restera la même et rappellera, dans tous les temps, une des époques les plus brillantes de nos fastes militaires. Une statue avait été jadis érigée en l'honneur de Louis XIV, au centre de la place Vendôme. La révolution a fait disparaître ce monument. Les fondations seules en sont demeurées intactes. Elles ont trente pieds environ de profondeur, et sont bâties sur pilotis. On les a jugées assez solides pour supporter la colonne; il n'a fallu que quelques réparations à l'arasement du sol, et c'est sur ces substructions qu'on a posé les premières assises de cette masse énorme qui s'élève à une hauteur assez grande pour que le sommet en soit aperçu de tous les environs et de la plupart des quartiers de Paris. La partie solide du monument est construite en pierre de taille très-dure et appareillée avec soin. On en peut juger par l'escalier intérieur qu'elle renferme, et dont les degrés sont pris dans l'épaisseur même des assises. Cet escalier, en forme de colimaçon, commence à partir du palier en marbre blanc veiné sur lequel s'élève la colonne, et conduit par 176 marches jusque sur le tailloir du chapiteau.

Ainsi qu'on peut le voir dans notre planche n° 1, la colonne était, dans le principe, couronnée par la statue de Napoléon, figure dont toutes les parties, combinées avec les proportions de l'architecture, ajoutaient à l'élégance et à la beauté du monument. L'ornement qu'on y a substitué, lorsqu'en 1814 on a descendu cette statue, est loin d'offrir un effet aussi pittoresque. On peut dire même qu'il offre une disparate choquante. Espérons que le bon goût en fera justice, et qu'un jour une figure allégorique, placée au faîte de cette colonne triomphale, lui rendra sa forme et sa destination primitive.

Voici quelles sont les divisions indiquées dans le plan des architectes: élévation totale, 135 pieds 1 pouce; piédestal, y compris le perron composé de trois marches, 17 pieds 3 pouces, sur 17 pieds de large dans le nu du dé; base et tore, 5 pieds 8 pouces; fût, 82 pieds 6 pouces sur un diamètre moyen de 11 pieds 5 pouces; chapiteau, 4 pieds 2 pouces; lanterne ou stylobate, 13 pieds 6 pouces; statue avec la plinthe, 10 pieds 6 pouces.

Les plaques de bronze dont la colonne est revêtue sont au nombre de 425, et pèsent, avec la statue et les divers ornements, 180,000 kil. (360,000 livres environ). Tous ces objets ont été coulés avec l'airain de l'artillerie conquise sur l'ennemi à Ulm et à Vienne. 1120 agrafes de même métal et scellées dans le noyau de pierre du monument servent à y fixer ces plaques. L'ajustage en est aussi simple que solide. Des sabots ménagés à la fonte au revers de chaque pièce de bronze se rapportent aux agrafes dont il vient d'être parlé, et y sont réunis par un goujon qui les traverse. Dans cet ajustage on avait à prévoir l'effet de la dilatation et du resserrement du métal selon la variation de l'atmosphère. On a paré à tout inconvénient en faisant rejoindre les plaques en biseau contrarié, et en perçant les sabots et les agrafes par où le goujon passe, les uns d'un trou ovale, les autres d'un trou rond. Ce procédé a tellement bien réussi, que dans aucune saison de l'année on ne peut apercevoir le moindre intervalle entre le jointoiement des pièces.

La colonne est d'ordre dorique dans des proportions colossales. Dans un monument de ce genre le mérite de l'architecture ne vient qu'en seconde ligne. Ici, comme dans les colonnes trajane et antonine, la sculpture est l'objet principal, aussi le monument en est-il surchargé depuis la base jusqu'au faîte. Des trophées d'armes enlevés aux ennemis vaincus sont sculptés en relief sur les quatre faces du piédestal. Au-dessus, à chaque angle, un aigle en ronde bosse retient dans ses serres l'extrémité d'une guirlande de chêne qui tombe en feston sur chaque façade. Le fût de la colonne est enveloppé dans toute sa hauteur par un bas-relief qui se déroule en spirale sur une longueur de 840 pieds environ, et qui présente une suite de tableaux où sont inscrits, presque jour par jour, les faits mémorables de la campagne. On conçoit combien il a fallu de goût, de tact et d'imagination pour observer l'ordre chronologique des événements, conserver un certain caractère d'unité dans une aussi vaste composition, et cependant pour en varier chaque scène. On conçoit aussi combien il a fallu d'art pour exprimer avec le peu de ressources qu'offre la sculpture et la sévérité de style qu'elle exige, des actions dans lesquelles avaient figuré des armées innombrables revêtues de costumes ingrats et manœuvrant avec tous les attirails de guerre dont les formes sont si peu héroïques. Tant de difficultés ont été heureusement résolues par le parti qu'on adopta pour l'exécution des bas-reliefs. On avait senti combien le manque d'ensemble dans la composition nuirait à l'effet général du monument; un seul artiste fut chargé de tracer l'esquisse de cette longue série de tableaux; et cet artiste était M. Bergeret, qui venait de débuter avec éclat dans la carrière de la peinture (1). C'est sur les programmes dictés par M. Denon que M. Bergeret sut écrire, d'une manière aussi exacte que pittoresque, et dans une suite de dessins de près de mille pieds d'étendue, le journal historique de la campagne de 1805. Ses croquis ont, à la vérité, servi de guide plutôt que de modèle aux sculpteurs; mais, il faut le dire à la louange du dessinateur, les bas-reliefs les plus remarquables sont ceux qui s'écartent le moins des compositions originales.

Au nom de M. Bergeret nous joindrons ceux des autres artistes qui ont concouru à l'embellissement de la colonne, et la part des travaux que chacun d'eux a dans ce monument. La statue de Napoléon est due au ciseau de M. Chaudet, et les aigles du piédestal à celui de M. Canlers. Le bas-relief de la façade où se trouve la porte d'entrée, ainsi que les deux renommées qui soutiennent le cartouche de l'inscription, ont été dessinés par M. Mazois, architecte, et sculptés par M. Gérard. Les bas-reliefs des trois autres côtés du piédestal ont été exécutés en commun par M. Beauvallet et Renaud, d'après les dessins de M. Zix. Pour les tableaux qui couvrent le fût de la colonne, ils sont l'ouvrage de MM. Bartholini, Beauvallet, Boischot, Boquet, Bosio, Bouillet, Bridan, Callamart, Cardelli, Mlle Charpentier, MM. Clodion, Corbet, Delaistre, Deseine, Dumont, Dupasquier, Fortin, Foucou, Franin, Gaule, Gérard, Gois fils, Lorta, Lucas, Moutoni, Petitot, Picart, Renaud, Rutxhiel, Stouff, et Taunay. Tous les ornements de sculpture ont été exécutés par M. Gelée.

La fonte de toutes les pièces de la colonne a été commencée par M. Delaunay, et achevée par M. Canlers, dans les ateliers construits exprès dans l'enceinte de la foire St-Laurent. La ciselure était confiée à feu M. Raymond.

Tous ces travaux et ceux de construction ont été exécutés sur les plans et les dessins de M. Lepère, sous l'inspection de M. Gondoin, et sous la direction de M. Denon, alors directeur général des Musées et de la Monnaie des médailles; c'est ce que constate l'inscription gravée sur le tailloir du chapiteau; elle est ainsi conçue:

MONUMENT ÉLEVÉ A LA GLOIRE DE LA GRANDE ARMÉE
PAR NAPOLÉON LE GRAND,
Commencé le XXV août 1806, *terminé le XV août* 1810, *sous la direction de* D. V. DENON.

MM. J. B. LEPÈRE et L. GONDOIN, *architectes*.

---

(1) C'est peu de temps après l'exposition de son tableau des honneurs rendus à Raphaël après sa mort, que M. Bergeret fut chargé de ce travail.

1

Face.

Revers.

2

5

4

3

MÉDAILLES DE LA CAMPAGNE DE 1805.

L'art numismatique a été, comme l'architecture et la statuaire, chargé de transmettre à la postérité les principaux événements de cette campagne. Ils se trouvent représentés dans une suite de médailles composées toutes, une seule exceptée, par M. Denon, et approuvées par l'empereur. Des épreuves, en argent, de ces médailles, ont été incrustées dans une boîte de plomb et placées dans une des assises de la colonne, afin de déposer, dans l'avenir, de l'époque et de l'objet de ce monument, s'il vient à succomber sous la faux des siècles.

PLANCHE II.

Fig. 1re. Levée du camp de Boulogne.

Napoléon était allé rejoindre son armée campée sur les côtes, en face de l'Angleterre. Ce fut au milieu des fêtes militaires qu'il apprit la coalition nouvelle de l'Autriche, de la Russie, et de la Grande-Bretagne. La levée du camp de Boulogne fut ordonnée, et tous les corps d'armée se dirigèrent sur le Rhin, où bientôt il alla se placer à leur tête. C'est à cette résolution et à son absence que fait allusion la médaille n° 1. Elle offre d'un côté, l'effigie de Napoléon couronné de lauriers; inscription dans le champ : *Napoléon empereur et roi.* Cette tête a été gravée par Andrieu. Le revers, qu'on doit au burin de M. Brenet, représente le trône dont le souverain est absent, mais où repose le manteau impérial et la main de justice. Au-devant est l'aigle qui presidait aux destinées de la France, et au-dessus le foudre qui en faisait respecter la puissance.

On lit dans le champ: *L'empereur commande la Grande Armée.*

Et à l'exergue: *Levée du camp de Boulogne*, 24 *août* 1805. *Passage du Rhin*, 25 *septembre* 1805.

Fig. 2. Allocution au pont du Lech.

Napoléon rejoint l'armée à Augsbourg, et passe les troupes en revue au pont du Lech, où il les harangue avec cette éloquence militaire qui avait tant d'empire sur le soldat. Il fait jurer à l'armée de vaincre, et elle ne faussa point ce serment. On a reproduit dans la médaille qui consacre cet événement une imitation des allocutions antiques: un général à cheval reçoit le serment de ses soldats et leur montre le chemin de la gloire, vers lequel la Victoire, tenant une palme, dirige déja son vol. Une figure de fleuve, le Lech, épanche son urne sous les arches du pont.

Inscription à l'exergue : *Allocution à l'armée. L'armée fait serment de vaincre, 12 octobre* 1805.

Cette médaille, à laquelle la tête de la médaille précédente sert de revers, comme pour toutes les médailles qui suivent, est gravée par Jeuffroy.

Fig. 3. Prise d'Ulm et de Memmingen.

On a vu précédemment que les places d'Ulm et de Memmingen ne ralentirent point la marche triomphante de l'armée, et qu'immédiatement après la capitulation de ces deux villes le vainqueur ouvrit une campagne nouvelle. La médaille qui a trait à la rapidité de tous ces avantages, montre Napoléon dans un bige, dont les chevaux sont lancés à toute course. La victoire dépose, en passant, une couronne sur sa tête, tandis que, sans arrêter sa marche, deux figures lui présentent les clefs de leur ville.

Inscription à l'exergue : *XVII octobre* 1805. *Capitulation d'Ulm et de Memmingen.* 40,000 *prisonniers.* — Graveur *Jaley.*

Fig. 4. Reprise des drapeaux a Inspruck.

Lorsque le général Ney s'empara d'Inspruck, ses troupes retrouvèrent dans l'arsenal de cette ville quelques drapeaux enlevés à l'armée républicaine par un régiment tyrolien. Cette vue fit sur les soldats une impression profonde. On a consacré ce fait mémorable par l'imitation d'une médaille frappée à Rome quand Germanicus, après avoir battu le même peuple, retrouva les aigles prises sur Varus par le chef des Germains. Comme dans la médaille romaine, on voit dans celle-ci un guerrier tenant d'une main une enseigne militaire de la république, et de l'autre une victoire.

Inscription dans le champ d'un côté : *Les Autrichiens vaincus.* De l'autre : *Les drapeaux français repris.* A l'exergue : *Inspruck, le XVI brumaire an XIV*, 1805. — Graveur *Brennet.*

Fig. 5. Prise de Vienne et de Presbourg.

Napoléon, ne donnant point à l'armée autrichienne, démembrée à Ulm et à Memmingen, le temps de se recruter, marcha droit sur Vienne et sur Presbourg, qui se rendirent presque le même jour. Ce double résultat est représenté dans la médaille qui doit en perpétuer le souvenir, par la figure de l'Hercule français, aux pieds duquel deux figures de ville déposent leurs clefs.

Inscription : *Prise de Vienne et de Presbourg*, 1805. — *Galle* graveur.

Pl. 5

6

7

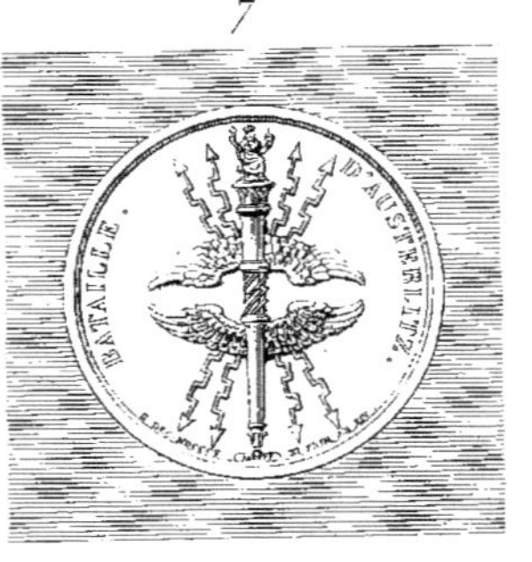

8

9

10

11

PLANCHE III.

Fig. 6. Les trois empereurs.

La bataille d'Austerlitz reçut le surnom de bataille des trois empereurs, parce que Napoléon d'une part, Alexandre Ier et François II de l'autre, y commandaient en personne; peu s'en fallut que ces deux derniers ne fussent faits prisonniers. La composition de la médaille qui a rapport à ces circonstances est fort simple. Ce fut l'empereur lui-même qui en indiqua le sujet; on voit au revers de l'effigie de Napoléon, l'effigie d'Alexandre Ier et en regard celle de François II; toutes deux portent la couronne du laurier impérial, et n'ont d'autre inscription que le nom des personnages qu'elles représentent. — *Andrieu* graveur.

Fig. 7. Bataille d'Austerlitz.

La bataille d'Austerlitz est un de ces évènements militaires qui décident de la chute ou de l'affermissement des empires. Les forces de la Russie et de l'Autriche s'étaient réunies contre celles de la France, pour disputer à Napoléon le sceptre de Charlemagne. La victoire la plus complète lui en assura la possession; aussi la médaille frappée pour cette circonstance, représente-t-elle ce sceptre auquel sont ajoutées les ailes de la victoire.

Inscription dans le champ : *Bataille d'Austerlitz*, 2 *décembre* 1805. 20 *frimaire an XIV.* — *Jaley* graveur.

Fig. 8. Entrevue des deux empereurs.

François II, désirant prévenir les malheurs qui suivent une défaite, proposa à Napoléon une entrevue qui eut lieu à Urchitz, village situé non loin du champ de bataille d'Austerlitz. L'explication fut courte et les négociateurs en se séparant parurent également satisfaits l'un de l'autre. Sur le revers de la médaille destinée à transmettre cet événement à la postérité, on voit l'empereur d'Autriche, une main appuyée sur son cœur, et tendant l'autre vers l'empereur des Français; tandis que Napoléon, une main appuyée sur la garde de son épée, présente l'autre à François II; entre les souverains est placée une aigle française, aux pieds de laquelle sont croisés un drapeau autrichien et un drapeau russe.

Inscription à l'exergue : *Entrevue entre l'empereur Napoléon, et l'empereur François II, à Urchitz*, 4 *décembre* 1805. — Graveur *Andrieu*.

Fig. 9 *et* 10. Députation des maires de Paris a Schoenbrunn.

Après l'entrée de l'*armée française* à Vienne, la ville de Paris envoya une députation à Napoléon pour le féliciter sur les succès de ses armes. Leur présentation à Schœnbrunn (1), où l'empereur était de retour après la bataille d'Austerlitz, a été consacrée par une médaille qui représente d'un côté Napoléon et le prince Murat, alors gouverneur de Paris, vêtus en costume militaire, et tenant en main l'olivier de la Paix. A leurs pieds est la figure de la Seine appuyée sur son urne : en face sont les deux maires, MM. Dupont et Bricogne, envoyés en députation; ils sont dans l'attitude de complimenter l'empereur, qui, après leur avoir répondu, les charge de reporter des drapeaux pris sur l'ennemi, pour décorer la cathédrale de Paris.

Inscriptions. Dans le champ : *Pannonia Subacta* (l'Autriche soumise).

A l'exergue. *Ædiles. Paris. imp. Neapolioni. à Victoriâ. reduci. in. suburbano. Cæsarum. grates. agunt. Pr. id. december* 1805. (Les maires de Paris rendent des actions de graces à l'empereur Napoléon, ramené par la victoire dans la *villa* des Césars. Premiers jours de décembre 1805.)

Le revers offre une renommée les ailes déployées, embouchant la trompette et tenant d'une main un rouleau, où se lit : *imp. urbi suæ* (l'empereur à sa bonne ville de Paris); à ses pieds est un trophée d'armes et de drapeaux ennemis.

Inscriptions dans le champ. *De Germanis.* (Victoire sur les Germains). *Primitia. belli. arma. et. signa. militaria. e. manubiis. Vertingens. Civitati. donata. VI. id. oct.* 1805. (Armes et drapeaux, premiers résultats de la guerre, enlevés à Vertingen et donnés à la ville de Paris. VI Octobre 1805).

Cette médaille, gravée aux frais de la ville de Paris, a été composée par la troisième classe de l'Institut; dessinée par *M. Lemot*, sculpteur, et gravée, le premier côté par *M. Galle*, le second par *M. Brenet*.

Fig. 11. Paix de Presbourg.

Le traité de paix qui fut signé vingt jours après l'entrevue d'Urchitz, est consacré par cette médaille, où l'on a représenté le Temple de Janus à Rome, d'après plusieurs médailles antiques frappées pour une circonstance analogue. Sous le portique du temple, la porte du seuil est fermée et sur l'attique on lit : *Templum Jani* (Temple de Janus).

Inscription à l'exergue : *Paix de Presbourg, 26 décembre* 1805. — *Andrieu* graveur.

---

(1) Schœnbrunn, maison de Plaisance de l'empereur d'Autriche, à peu de distance de Vienne.

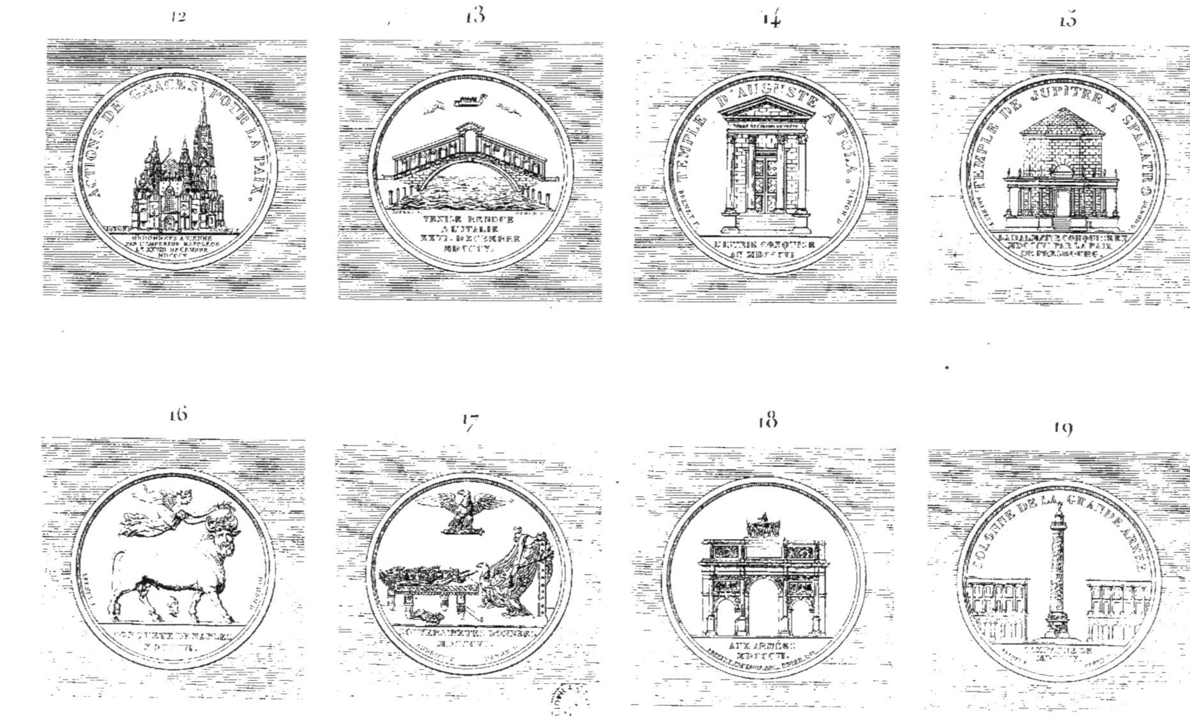
12
ACTIONS DE GRACES POUR LA PAIX.
13
14
TEMPLE D'AUGUSTE A POLA.
15
TEMPLE DE JUPITER A SPALATRO
16
17
18
AUX ARMÉES
19
COLONNE DE LA GRANDE ARMÉE

PLANCHE IV.

Fig. 12. La cathédrale de Vienne.

Après la bataille d'Austerlitz, Napoléon fixa son séjour à Schœnbrunn, et ne parut point dans la capitale de l'Autriche. Le seul acte d'autorité qu'il y exerça, fut d'y faire chanter un *Te Deum*, en actions de graces après la signature de la paix. La médaille qui fait allusion à cette circonstance offre l'élévation géométrale de l'église St-Stephen, un des monuments gothiques les plus précieux de l'Autriche.

Inscriptions : dans le champ, *Actions de graces pour la paix*; à l'exergue, *ordonnées par l'empereur Napoléon, le* 28 *décembre* 1805. — *Andrieu* graveur.

Fig. 13. Conquête de Venise.

Par le traité de Presbourg, Venise, qui depuis le traité de *Leoben* appartenait à l'Autriche, fut rendue au royaume d'Italie. Cet article du traité est rappelé par cette médaille, au revers de laquelle on voit le large canal et le pont du Rialto : construction dont la hardiesse et la beauté caractérisent la puissance maritime de Venise. Dans le champ sont divers attributs placés à la manière des médailles antiques, savoir : une anguille, emblême des marais ou lagunes qui dépendent de cet état; le dauphin, antique symbole de l'Adriatique; et la gondole, qui est d'un usage constant dans cette ville.

Inscription à l'exergue : *Venise rendue à l'Italie*, 26 *décembre* 1805. — *Brenet* graveur.

Fig. 14. Conquête de l'Istrie.

Par un autre article du même traité de Presbourg, l'Istrie devint une province de l'empire français. La médaille frappée à cette occasion représente l'élévation géométrale de la porte du temple d'Auguste à Pola, l'un des monuments antiques les plus parfaits et les mieux conservés de cette partie de l'Italie, qui venait d'être réunie à la France.

Inscription : dans le champ, *Temple d'Auguste à Pola*; à l'exergue, *l'Istrie Conquise*. 1806. — *Brenet* graveur.

Fig. 15. Conquête de la Dalmatie.

La réunion de la Dalmatie à la France fut encore un des résultats de cette campagne. On a caractérisé cet évènement par une médaille où l'on a représenté une vue du temple de Jupiter à Spalatro, partie du palais qui fut bâti par Dioclétien et qui se trouve encore dans un excellent état de conservation. Sous le rapport de l'art, cette médaille a cela de remarquable, qu'elle offre un échantillon du goût de l'architecture au IVe siècle.

Inscriptions dans le champ : *Temple de Jupiter à Spalatro. La Dalmatie conquise en* 1806, *par la paix de Presbourg.* — *Brenet* graveur.

Fig. 16. Conquête de Naples.

La possession de Naples fut l'un des nombreux trophées de la bataille d'Austerlitz, et l'une des grandes concessions du traité de Presbourg. La médaille qui a trait à cette glorieuse acquisition, offre à son revers une imitation des médailles de l'ancienne Parthénope, aujourd'hui la capitale du royaume de Naples : on y voit un taureau ayant une tête d'homme que couronne la Victoire. Dans le champ est la tête de Vulcain, emblème du Vésuve.

Inscription à l'exergue : *Conquête de Naples*, 1806. — *Brenet* graveur.

Fig. 17. Souverainetés données.

La paix de Presbourg ne fut pas seulement avantageuse à la France, elle donna aux princes dont les états sont situés sur le Rhin un accroissement de puissance. L'électeur de Bavière, et celui de Wurtemberg, reçurent le titre de rois. Plusieurs principautés furent accordées à des Français. C'est à ces divers arrangements que fait allusion la médaille où sont representés devant le trône impérial et ses attributs, plusieurs sceptres et couronnes royales, électorales et ducales. Les couronnes renversées sous la table sont celles des possessions que perdirent l'Autriche, Naples et la Suède.

Dans le champ est un aigle aux ailes étendues, et tenant entre ses serres un foudre, emblème de la puissance. A l'exergue : *Souverainetés données*, 1806. — *Andrieu* graveur.

Fig. 18. Arc de Triomphe.

Ce monument fut érigé en l'honneur des armées françaises et en mémoire de la campagne de 1805. Élevé sur la place du Carrousel, il présente dans son ensemble la forme et les proportions de l'arc de Septime Sévère, dont on voit les ruines dans le *Campo Vaccino* à Rome. Six bas reliefs en marbre blanc décoraient cet arc triomphal, et avaient rapport aux principaux évènements de la campagne de 1805. Il était aussi couronné par un quadrige traîné par des chevaux qui

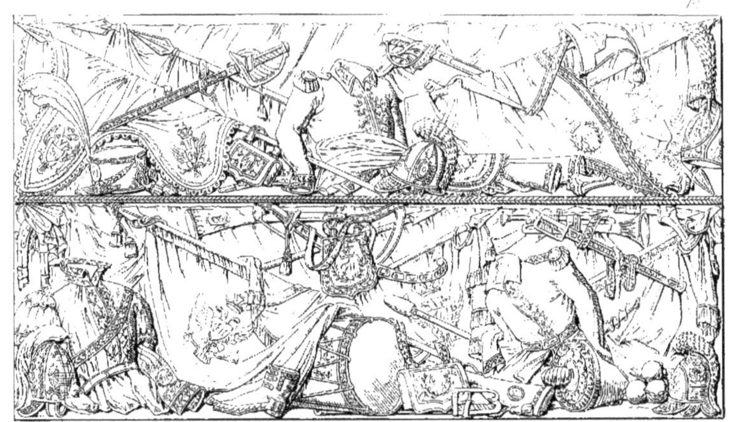

Piédestal du Nord.

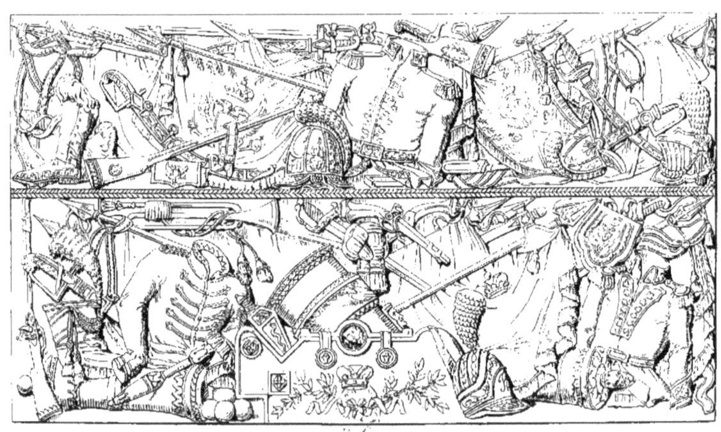

Piédestal du Couchant.

Piédestal du Midi.

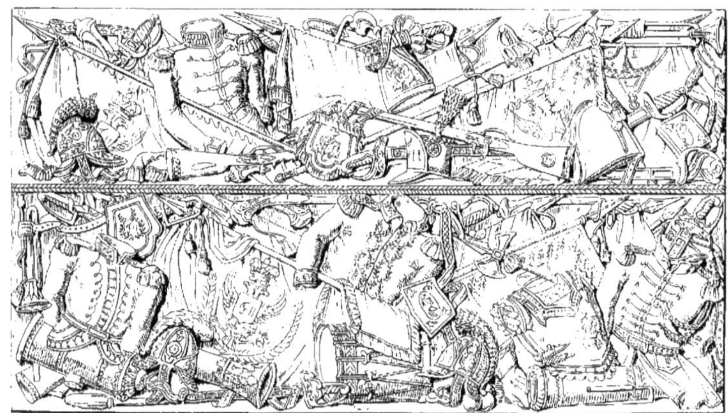

Piédestal du Levant.

étaient eux-mêmes un trophée. Ces chevaux, qui ornaient autrefois le temple du Soleil à Corinthe, furent transportés à Rome sous le règne de Néron, à Venise par le doge Dandolo, et à Paris par Napoléon. Les évènements de 1814 ont fait disparaître et le char et les bas reliefs. La médaille qui conservera le type de ce monument dans toute sa splendeur, en représente l'élévation géométrale prise avec exactitude avant qu'il fût mutilé.

Inscription à l'exergue : *Aux armées. M. D. CCCVI.* — Graveur *Brenet.*

Le nom de M. Fontaine, architecte du monument, se trouve accolé à celui de M. Denon, auteur de la médaille.

Fig. 19. COLONNE DE LA GRANDE ARMÉE.

L'objet et les détails de cet ouvrage nous dispensent de donner aucune description de cette médaille, destinée à perpétuer le souvenir d'un monument qu'on peut regarder lui-même comme éternel. Elle termine la série des médailles frappées en commémoration de la campagne de 1805.

Inscriptions : dans le champ, *Colonne de la Grande Armée*; à l'exergue, *Campagne de* 1805. — Graveur *Brenet.*

BAS-RELIEFS DU PIÉDESTAL, PLANCHES V ET VI.

Les bas-reliefs de la colonne trajane nous en ont plus appris que les pages de Tacite, sur la forme et la propriété des instruments de guerre, particuliers aux peuples du nord. Sans le secours de ce monument, il est une foule de passages de l'historien qui seraient demeurés inintelligibles pour nous. On conçoit combien cette observation a dû faire attacher d'importance à consacrer dans la colonne de la place Vendôme, l'image fidèle des équipages militaires de l'ennemi. Dans quelques siècles peut-être existera-t-il entre les armes dont on se servira et celles qui sont actuellement en usage, autant de différence qu'entre celles-ci et les armes antiques. Peut-être alors viendra-t-on consulter ce monument pour y découvrir les modèles d'objets dont la langue seule aura conservé la tradition. Le choix et l'ajustement des trophées qui décorent le piédestal ne devaient donc pas être abandonnés au caprice de l'artiste. Comme les autres parties de la colonne, ils devaient avoir un but historique. Sous ce rapport on avait à se garantir de l'influence d'un exemple célèbre. La partie inférieure des pieds-droits de l'arc

St-Denis offrait à nos artistes un modèle d'un travail admirable, mais qu'il fallait se garder d'imiter : là tous les temps et toutes les époques se trouvent confondus; on y voit des pièces d'artillerie groupées avec des cuirasses, des glaives, des boucliers grecs, romains ou numides. Ici, au contraire, on a sacrifié l'effet pittoresque à la vérité du costume; c'est un genre de mérite qu'il faut apprécier, une difficulté dont il faut tenir compte.

La façade du midi, planche n° 5, est, comme les trois autres façades, partagée en deux compartiments; au centre est placée la porte de l'escalier intérieur, elle est de bronze massif et sa hauteur totale est de sept pieds; le style en est simple et sévère, l'aigle impériale et cinq couronnes de chêne enlacées se détachent en relief sur le fond uni de chaque battant qui a 22 pouces de largeur; le milieu est marqué par un faisceau de lances. Cette porte se trouve en partie encadrée par le bas-relief inférieur où sont groupées d'une manière symétrique des armes de toute espèce. Le bas-relief supérieur est disposé comme celui de la colonne trajane; deux Renommées soutiennent un cartouche, où se lisait l'inscription suivante, gravée en creux :

NEAPOLIO. IMP. AUG.
MONUMENTUM. BELLI GERMANICI.
ANNO. M. D. CCCV.
TRIMESTRI. SPATIO. DUCTU. SUO PROFLIGATI.
EX. ÆRE. CAPTO.
GLORIÆ. EXERCITUS. MAXIMI. DICAVIT.

Cette inscription a été composée par feu M. Visconti, antiquaire célèbre, que Napoléon avait comblé de bienfaits. Elle disparut en 1814, peu de jours après la première restauration, époque où l'on cherchait à faire oublier tout ce qui pouvait rappeler les souvenirs glorieux du règne précédent. Une plaque unie fut substituée à celle où étaient expliqués le motif et l'objet du monument. Ayant rétabli le texte de cette inscription nous en offrirons la traduction suivante, pour l'usage des personnes auxquelles la langue latine n'est pas familière.

Napoléon empereur auguste a dédié à la gloire de la Grande Armée, ce monument fait avec l'airain conquis sur l'ennemi, pendant la guerre d'Allemagne, qui sous son commandement fut terminée en 1805, *dans l'espace de trois mois.*

Les trois autres façades du piédestal reproduites dans les planches 5 et 6, sont couvertes chacune de deux bas-reliefs qui règnent dans toute leur largeur, et qui représentent, groupés d'une manière pittoresque, canons, mortiers, obusiers, boulets, bombes, carabines, fusils, pistolets, lances, épées, sabres, drapeaux,

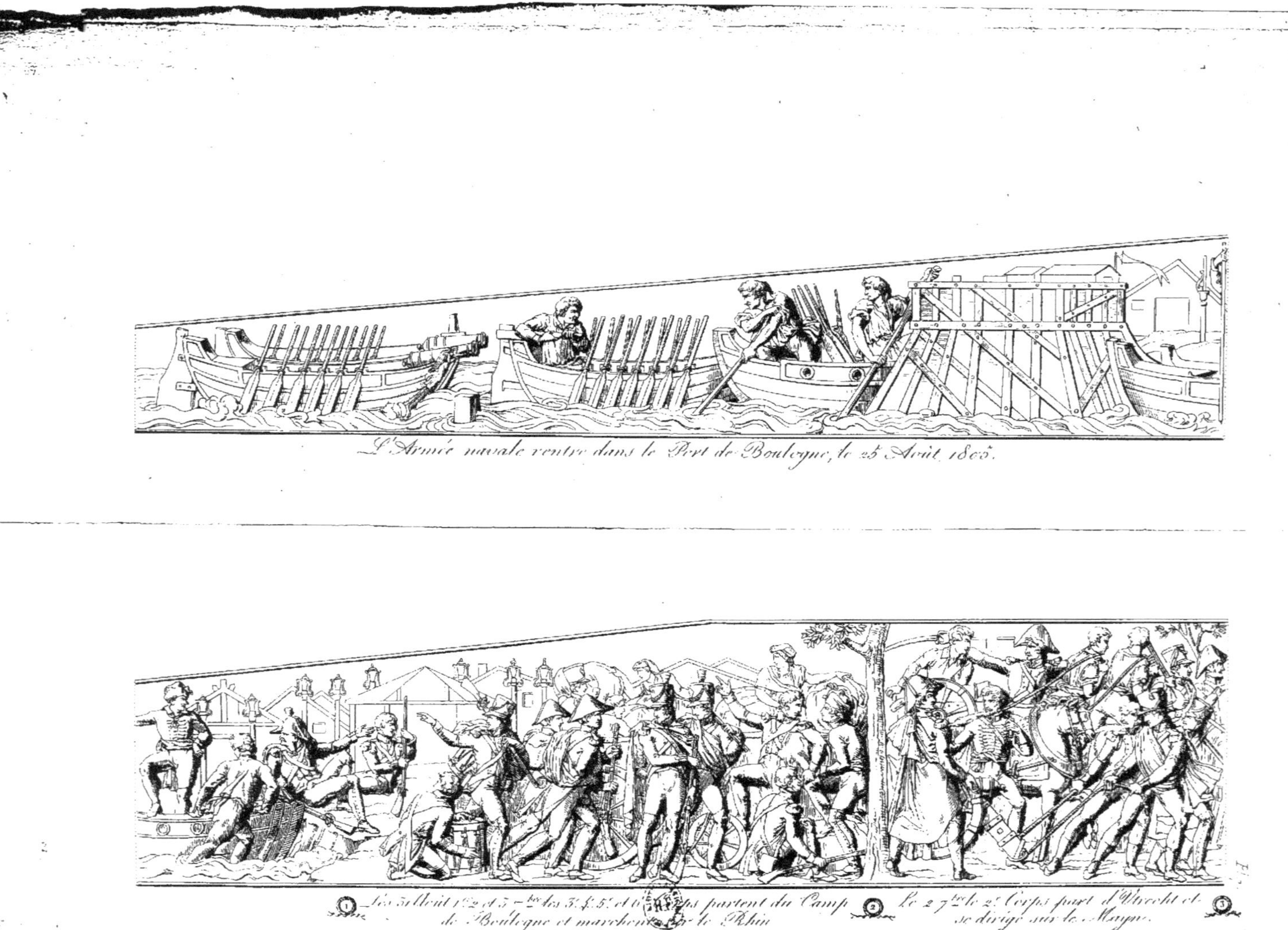

L'Armée navale rentre dans le Port de Boulogne, le 25 Août 1805.

(1) Les 31 Août, 1er 2 et 3 7bre les 3e 4e 5e et 6e Corps partent du Camp de Boulogne et marchent sur le Rhin (2) Le 27 7bre le 2e Corps part d'Utrecht et se dirige sur le Mayn. (3)

étendards, guidons, bannières, timbales, tambours, trompettes, instruments de musique militaire, chapeaux, casques, schakos, colbacks, bonnets, uniformes d'officiers supérieurs russes et autrichiens. Il est facile de reconnaître à quelle nation appartient chaque objet, soit par le chiffre de François II, ou d'Alexandre Ier, soit par les armoiries de l'empire de Russie ou d'Autriche.

Tous ces attirails militaires, dont la forme était si rebelle à la sculpture, offrent dans leur masse un ensemble très-satisfaisant; et il faut savoir gré à celui qui a dirigé ce monument, d'avoir su faire entrer tous les instruments de guerre de l'époque, et des peuples, dont la colonne consacre le souvenir ou la défaite.

BAS-RELIEFS DE LA COLONNE.

On avait décrété la construction de deux mille barques pour une expédition contre l'Angleterre; aussitôt la plus grande activité régna dans tous les chantiers de France, et en moins de dix-huit mois un nombre considérable de chaloupes canonnières, et de bâtiments légers de transport, furent appareillés, armés et conduits dans les ports de la Manche. Tout le littoral compris entre les bouches de l'Escaut et l'embouchure de la Seine, était couvert d'une flottille qu'on exerçait chaque jour à prendre à bord des troupes de terre et à exécuter des évolutions le long des côtes.

Tandis que ces préparatifs se poursuivaient avec persévérance, l'élite de l'armée française campait sur le bord de la mer, prête à s'embarquer aussitôt qu'elle en recevrait l'ordre. Non-seulement elle participait alternativement aux manœuvres de la flottille, mais elle employait les loisirs du cantonnement à rendre sa situation plus commode et plus salubre. Ces dunes, ces falaises, naguère si arides, si inégales, s'étaient aplanies, fertilisées par le travail des soldats; l'industrie militaire avait élevé des villes entières dont les rues, alignées au cordeau, formaient entre chaque quartier des communications spacieuses et faciles. Toutes les troupes étaient casernées dans des baraques construites de leurs propres mains, et entourées de jardins que cultivait chaque soldat. L'ordre et la plus exacte discipline étaient observés dans ces cités d'un nouveau genre. La nuit, des fanaux élevés de distance en distance, et des lanternes placées en avant de chaque baraque, entretenaient la clarté et facilitaient le service.

Bas-relief n° 1 et 2, planche VII.

On a cherché à donner ici une idée de l'objet de l'expédition projetée et de la situation de l'armée dans ses divers cantonnements. Ce bas-relief, qui commence à la naissance de la spirale, a la forme d'un triangle allongé jusqu'au coude où il arrive à la hauteur des autres tableaux. Ceux-ci se continuent ensuite dans la même dimension jusqu'à l'extrémité opposée de cette spirale. Les flots de la mer marquent le point de départ; quelques chaloupes armées de canons viennent après; leurs proues tournées vers une jetée, et la direction que leur impriment les rameurs, caractérisent suffisamment la rentrée de la flottille. Des soldats placés près du rivage, et conversant avec les matelots, montrent la part qu'ils prenaient aux exercices maritimes; d'autres soldats occupés à préparer leurs armes, et à charger des chariots et des fourgons, annoncent le moment du départ pour une autre destination. Le lieu de la scène est rappelé par les baraques et les lanternes qu'on voit dans le fond.

Les inscriptions suivantes (1), gravées au-dessous de ce bas-relief, retracent la date de l'action et en expliquent le sujet. *L'armée navale rentre dans le port de Boulogne, le* 25 *août* 1805. — *Les* 31 *août*, 1, 2 *et* 3 *septembre, les* 3e, 4e, 5e *et* 6e *corps partent de Boulogne et marchent sur le Rhin.*

Bas-relief n° 3 et 4, planches VII et VIII.

Dans le moment même où s'opérait le mouvement des troupes campées à Boulogne, le maréchal Marmont, qui avait reçu l'ordre de lever le camp de Zeist, assemblait le 2e corps d'armée à Utrecht et se dirigeait vers Mayence en remontant le Rhin. Le septième corps, cantonné sur les côtes de Bretagne, se mettait également en marche pour les bords du Rhin. On n'a fait qu'un seul bas-relief de ces deux actions, qui ont eu lieu le même jour, bien que sur des point éloignés l'un de l'autre. Dans la première partie on voit des canonniers traîner plusieurs pièces d'artillerie, arme principale du deuxième corps. La seconde est occupée, au contraire, par de l'infanterie, dont se composait la presque totalité du septième corps. Toutes les figures sont en pleine marche, musique, tambours et sapeurs en avant; une porte crénelée indique que cette infanterie va entrer dans la ville de guerre qui lui était assignée comme lieu de rendez-vous.

Inscriptions au-dessous de ce bas-relief. — *Le* 2 *septembre, le* 2e *corps part d'Utrecht et se dirige sur le Mayn.* — *Le* 2 *septembre, le* 7e *corps quitte le camp de Brest et se dirige sur le Haut-Rhin.*

---

(1) Ces inscriptions et toutes celles qui se trouvent au bas de chaque gravure, ont été rédigées sous les yeux même de l'empereur, par M. Denon et par le prince Berthier, major général de la grande armée.

Pl. 8.

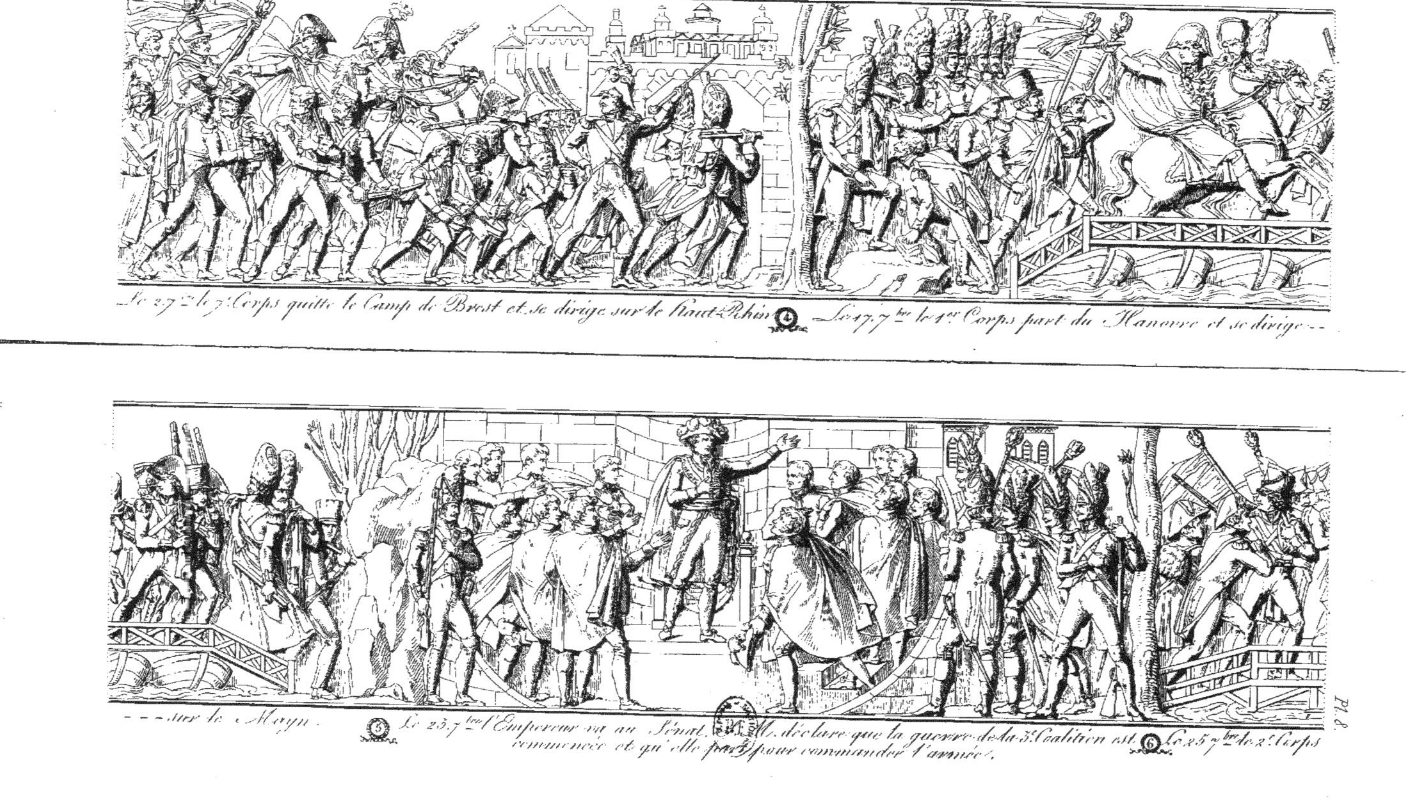

Le 27 7.bre le 7.e Corps quitte le Camp de Brest et se dirige sur le Haut-Rhin. ④ Le 17 7.bre le 1.er Corps part du Hanovre et se dirige --- sur le Mayn. ⑤ Le 23 7.bre l'Empereur va au Sénat. S. M. déclare que la guerre de la 3.e Coalition est commencée et qu'elle part pour commander l'armée. ⑥ Le 25 7.bre le 2.e Corps

Bas-relief n° 5.

Un arbre sépare ce sujet du précédent. C'est ainsi que dans la suite de ce vaste tableau ont été marqués la plupart des passages d'une action à une autre. Quelquefois un bout de rocher, ou une portion d'édifice, indiquent le changement de la scène.

Le maréchal Bernadotte avait reçu le commandement du 1er corps d'armée stationné dans le Hanovre; il devait se porter sur les frontières de la Hesse. Il s'agissait d'obtenir la facilité de passer à travers la capitale de cette principauté pour se rendre à Francfort. La loyauté de M. Bignon, chargé d'affaires de France, et son habileté, levèrent toutes les difficultés qu'aurait pu opposer l'Électeur. Les troupes étaient déja concentrées à Munden, sur le Weser, et tout était préparé pour traverser militairement le pays de la Hesse, et aller gagner la grande route de Wurtzbourg; mais il ne fut pas nécessaire de recourir à ce moyen extrême; et l'Électeur, d'accord avec les Français, livra le passage de Cassel. Le corps d'armée est représenté au moment où il traverse le pont de la Fulde, qui baigne la capitale de la Hesse. Le maréchal Bernadotte est à cheval sur le milieu du pont; il est précédé et suivi par des grenadiers et de l'infanterie de ligne.

Inscription : *Le 17 septembre, le 1er corps part de Hanovre et se dirige sur le Mayn.*

Bas-relief n° 6.

Tous les corps d'armée étaient déja rendus sur les bords du Rhin, où ils formaient une ligne dont l'extrémité droite était à Strasbourg, le centre à Spire, et la gauche à Mayence, lorsque Napoléon se rendit au Sénat pour annoncer que la guerre était devenue inévitable, et qu'il était dans l'intention de se mettre à la tête de ses légions. On voit dans un hémicycle, où sont rangés les sénateurs, l'empereur debout devant son trône, dans l'acte de prononcer un discours. Quelques soldats placés près de cette enceinte servent à indiquer que l'objet dont on s'occupe a rapport à la guerre. L'exposé de la situation se trouve tracé dans ce peu de paroles que fit entendre Napoléon dans cette circonstance mémorable :

« Sénateurs,

« Je vais quitter ma capitale pour me mettre à la tête de l'armée, porter un prompt secours à nos alliés, et défendre l'intérêt le plus cher de mes peuples.

« Les vœux des éternels ennemis du Continent sont accomplis; la guerre a commencé au milieu de l'Allemagne; l'Autriche et la Russie se sont réunies à l'Angleterre, et notre génération est entraînée de nouveau dans les calamités de la guerre. Il y a peu de jours, j'espérais encore que la paix ne serait pas troublée; les menaces et les outrages m'avaient trouvé impassible; mais l'armée autrichienne a passé l'Inn; Munich est envahi; l'Électeur de Bavière est chassé de sa capitale; toutes mes espérances se sont évanouies.

« Sénateurs, quand, à votre vœu, à la voix du peuple français tout entier, j'ai placé sur ma tête la couronne impériale, j'ai reçu de vous, de tous les citoyens, l'engagement de la maintenir pure et sans tache.

« Magistrats, soldats, citoyens, tous veulent maintenir la patrie hors de l'influence de l'Angleterre, qui, si elle prévalait, ne nous accorderait qu'une paix environnée d'ignominie et de honte, et dont les principales conditions seraient la perte de nos flottes, le comblement de nos ports, et l'anéantissement de notre industrie.

« Français, votre empereur fera son devoir, mes soldats feront le leur, vous ferez le vôtre. »

Dans cette même séance plusieurs mesures de prévoyance furent proposées pour l'administration intérieure et extérieure de l'empire, pendant l'absence de Napoléon.

Inscription : *Le 23 septembre, l'empereur va au Sénat. S. M. déclare que la guerre de la troisième coalition est commencée, et qu'elle part pour commander l'armée.*

PLANCHE IX.

Bas-relief n° 7.

Le 2e corps dont on a vu le départ dans le bas-relief n° 3, était arrivé le premier sur les bords du Rhin. Il passe ce fleuve à Mayence pour aller opérer sa jonction à Wurtzbourg avec le premier corps d'armée. On a choisi l'instant où l'avant-garde traverse le pont. Déja quelques soldats sont entrés sous la porte de Cassel, de l'autre côté du Rhin. C'est ici le lieu de faire remarquer que dans cette suite de bas-reliefs on s'est attaché à représenter chaque édifice avec autant d'exactitude que le permettait la sculpture.

Inscription : *Le 25 septembre, le 2e corps, parti de Hollande, passe le Rhin à Mayence.*

Bas-relief n° 8.

Le 3e corps, commandé par le maréchal Davoust, après avoir traversé la Belgique de l'ouest à l'est, arrive à Manheim où des barques préparées à l'avance

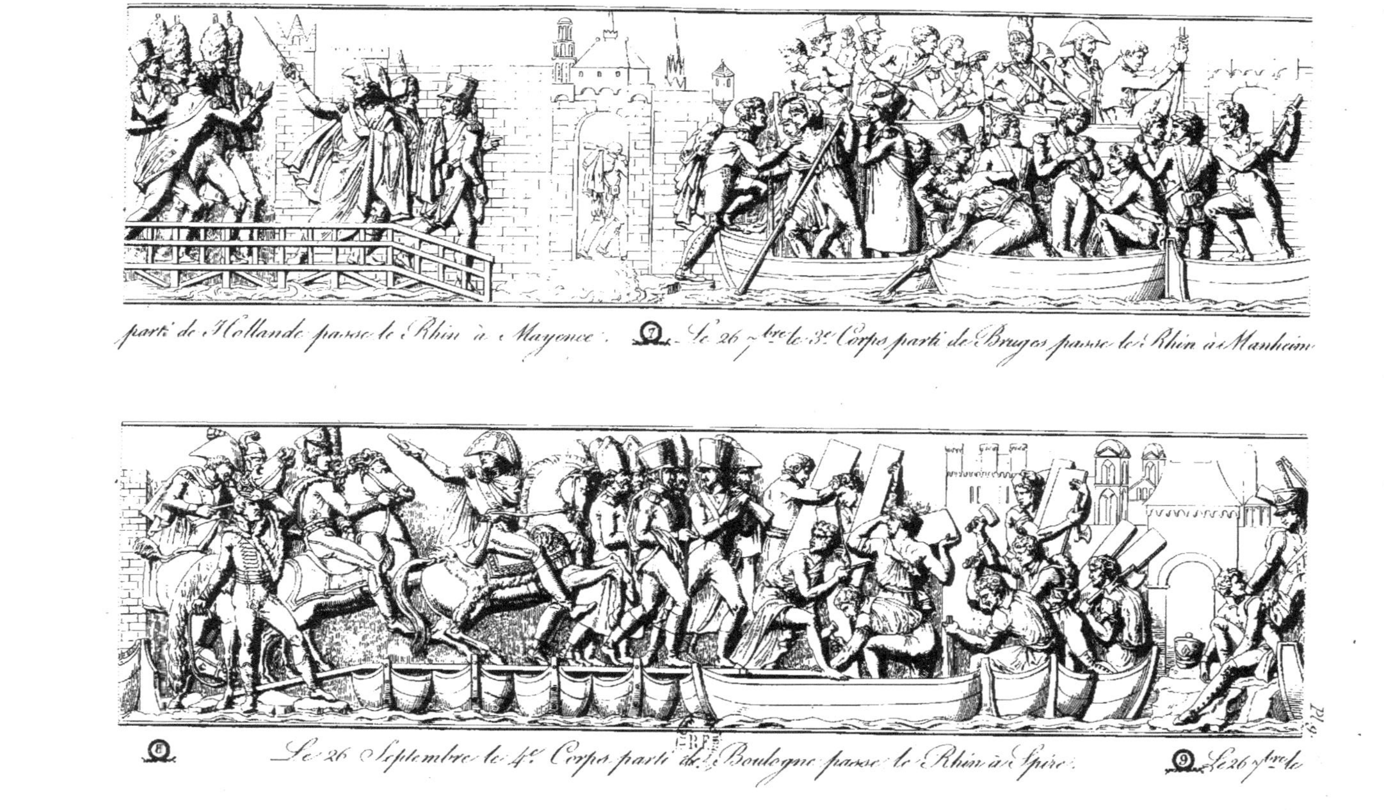

Pl. 9.

parti de Hollande passe le Rhin à Mayence. (7) Le 26 7bre le 3e Corps parti de Bruges passe le Rhin à Manheim

(8) Le 26 Septembre le 4e Corps parti de Boulogne passe le Rhin à Spire. (9) Le 26 7bre le

transportent les troupes de l'autre côté du Rhin. Ce trajet est caractérisé par un certain nombre de bateaux où sont embarqués des soldats de toutes armes. Ce corps devait se porter par Heidelberg sur le Necker. Il était composé des divisions Gudin, Friant et Boursier.

Inscription : *Le 26 septembre, le 3e corps, parti de Bruges, passe le Rhin à Manheim.*

Bas-relief n° 9.

Des ouvriers jettent un pont de bateaux sur le Rhin en avant de Spire, au moment où le 4e corps, sous les ordres du maréchal Soult, arrive dans cette ville.

On a indiqué l'activité des travaux et la rapidité de la marche, en représentant des troupes traversant déja le pont avant que les charpentiers et les sapeurs l'aient entièrement achevé ; le maréchal est à cheval au centre dans l'acte de donner des ordres à ceux qui le suivent; à la naissance du pont on voit la figure du général Vandamme, commandant la division de ce corps qui engagea le premier combat. A l'extrémité opposée est une porte de ville indiquant par ses monuments une ville fortifiée, un évêché et des tombeaux. On sait que Spire renferme les mausolées de huit empereurs.

Inscription : *Le 26 septembre, le 4e corps, parti de Boulogne, passe le Rhin à Spire.*

Bas-relief n° 10.

Le 6e corps, commandé par le maréchal Ney, était formé des divisions d'infanterie aux ordres des généraux Loison, Dupont, et Malher, et d'une division de dragons à pied, à la tête de laquelle était le général Baraguay-d'Hilliers. Ce corps traversa le Rhin sur un pont de bateaux jeté vis-à-vis Dourlach, et se porta ensuite sur Stuttgard, évitant ainsi la difficulté des chemins et des positions de la Forêt Noire. Ce mouvement se liait, comme on le verra dans le bas-relief suivant, au mouvement du corps de droite. Des fantassins, précédés d'une musique militaire, traversent un pont de bateaux ; telle est la composition du tableau où se trouve représenté le passage du 6e corps. Il est à remarquer que tout en se conformant à l'exactitude historique, on n'a point cependant négligé l'effet pittoresque, et que l'on a cherché à jeter quelque variété dans des actions qui sont les mêmes. Ainsi dans le trajet des divers corps d'armée, on a fait figurer successivement des troupes d'armes différentes.

Inscription : *Le 26 septembre, le 6e corps, parti de Montreuil, passe le Rhin près de Dourlach.*

PLANCHE X.

Bas-relief n° 11.

Ce bas-relief est plus étendu que les précédents et que ceux qui suivent, parce qu'on a cherché à donner une idée de l'immense quantité de troupes et d'artillerie qui se succédèrent pendant plusieurs jours sur le pont de Kelh. La réserve de cavalerie, à la tête de laquelle marchait le maréchal Lannes, était composée de cinq divisions de carabiniers, cuirassiers et dragons sous les ordres des généraux Nansouty, d'Haupoult, Klein, Beaumont et Walther. Ce corps traversa le Rhin le 25, et resta pendant plusieurs jours en position devant les débouchés de la Forêt Noire, où il poussait continuellement de fortes reconnaissances de manière à donner le change à l'ennemi. Pendant ce temps le corps du maréchal Ney gagnait plusieurs jours de marche sur la route de Stuttgard et de Nordlingen; pendant ce temps aussi le 5e corps effectuait son passage ainsi que le grand parc d'artillerie. Au commencement du bas-relief on voit le maréchal Lannes, à cheval, entouré de son état-major et de quelques dragons. Quelques personnes chercheront peut-être à expliquer la figure qui se trouve renversée; ce n'est ici qu'un artifice du sculpteur pour mieux découvrir la figure principale. On s'est attaché, dans le programme, à exprimer avec exactitude le fond de l'action, mais on a laissé à l'artiste toute liberté de donner à chaque personnage l'attitude qu'il a crue la plus pittoresque pour sa composition; au reste chaque fois que l'intention aura été de conserver quelque épisode particulier de cette campagne, on en trouvera ici l'explication.

Dans la seconde partie du même bas-relief on a représenté un convoi du train d'artillerie que conduisent des militaires et quelques paysans. Cette circonstance fait allusion à ce passage du premier Bulletin: « On n'a jamais vu, y était-il dit, un tel mouvement d'artillerie et de chevaux. Au premier appel vingt mille voitures de réquisition se sont trouvées sur tous les points; et ce qui est véritablement digne de remarque, c'est la gaîté de tous les habitants des campagnes qui ont été requis avec leurs chariots et leurs chevaux. Ils marchent en chantant et se dirigent tous sans escorte et par une impulsion spontanée vers les différentes parties de la rive droite où leur service est nécessaire. La joie qui anime nos soldats a gagné tous les habitants de nos départements; tout présage que cette troisième coalition tournera, comme les deux premières, à la honte de nos ennemis. »

On a conservé dans le bas-relief la forme des bateaux du pont de Kehl.

Inscription: *Le 25 septembre le 5e corps et la cavalerie passent le Rhin à Kehl.*

6.e Corps parti de Montreuil passe le Rhin près de Dourlach (10) — Le 25 Septembre le Cinquième Corps et la Cavalerie passent le Rhin à Kehl.

Pl. 10

11 Le 1er Octobre l'Empereur arrivé à Strasbourg passe le Rhin sur le Pont de Kehl.

12 Le 1er 8bre l'Electeur de Bade vient recevoir l'Empereur à Ettlingen.

13 Le 2 8bre l'Electeur de Wurtemberg vient recevoir l'Empereur à Louisbourg

PLANCHE XI.

BAS-RELIEF N° 12.

Tous ces mouvements s'étaient opérés par l'effet de la volonté de Napoléon ; sa pensée avait suffi jusque-là pour diriger ces grandes masses sur le territoire de l'empire ou à travers les pays alliés ; mais le moment était venu de les faire agir et de combiner leur marche avec les opérations ultérieures de l'ennemi. Toute l'armée ayant effectué son passage, et le grand parc d'artillerie ayant été dirigé de l'autre côté du Rhin, Napoléon passa lui-même ce fleuve pour mettre à exécution les plans qu'il avait médités.

Le bas-relief où son passage est représenté, est une continuité du tableau précédent. L'empereur est à cheval traversant le pont de Kehl. Son état-major l'entoure, et il est suivi par des groupes de soldats choisis dans les différentes armes de sa garde.

Inscription : *Le 1er octobre, l'empereur arrivé à Strasbourg, passe le Rhin sur le pont de Kehl.*

BAS-RELIEF N° 13.

De Kehl, Napoléon se rend le même jour à Ettlingen où l'électeur de Bade, le prince Louis, le prince Frédéric, et le prince électoral, étaient venus au-devant de celui qu'ils regardaient alors comme leur libérateur. On a choisi le moment où les deux cortéges se sont rencontrés. L'empereur, descendu de cheval, reçoit les félicitations que lui adressent l'électeur et sa famille qui ont également mis pied à terre. Cette entrevue fut touchante ; c'est de cette époque que date la bienveillance que Napoléon montra plus tard à l'Électeur, en accordant en mariage, au prince de Bade, la princesse Stéphanie, sa fille adoptive.

Inscription : *Le 1er octobre l'électeur de Bade vient recevoir l'empereur à Ettlingen.*

BAS-RELIEF N° 14.

Ce bas-relief représente un sujet analogue à celui du tableau qui le précède. L'électeur de Wurtemberg, accompagné d'une partie de sa cour, était venu près de Louisbourg au-devant de Napoléon. L'instant choisi par l'artiste est celui où l'électeur s'incline devant l'empereur des Français en signe de respect et de reconnaissance. Chaque personnage prend une part plus ou moins directe à cette scène. La pose noble et le costume simple de Napoléon le font aisément reconnaître ; il n'est guère possible non plus de se méprendre sur la figure de l'électeur, bien que le sculpteur ait dissimulé avec art une partie de l'excessif embonpoint de ce prince.

Inscription : *Le 2 octobre l'électeur de Wurtemberg vient recevoir l'empereur à Louisbourg.*

PLANCHE XII.

Bas-relief n° 15.

La deuxième division du corps du maréchal Soult, commandée par le général Vandamme, avait forcé de marche et était arrivée devant Donaverth : ce fut elle qui eut l'honneur de la première attaque. Elle culbuta le régiment de Colloredo qui défendait le pont de la ville, lui tua une soixantaine d'hommes et lui fit cent cinquante prisonniers. Cette action est nettement exprimée par les deux groupes de combattants placés en face l'un de l'autre de chaque côté du pont. La ville, dont on aperçoit la porte derrière les Autrichiens, annonce que c'est pour s'emparer de ce pont que les Français s'avancent contre l'ennemi. La possession de Donaverth était très-importante pour le mouvement de l'armée. Dès le lendemain le maréchal Soult fit réparer le pont, se porta sur Augsbourg avec les divisions Vandamme et Legrand, tandis que la division du général St-Hilaire remontait le Danube par la rive gauche pour observer les opérations des troupes ennemies concentrées près d'Ulm.

Inscription: *Le 6 octobre, le 4e corps rencontre l'ennemi à Donaverth.*

Bas-relief n° 16.

Le prince Murat à la tête de la cavalerie arriva à Donaverth comme le corps du maréchal Soult se portait en avant. De là il se dirigea sur Wertingen où il rencontra un corps considérable d'infanterie autrichienne soutenu par quatre escadrons de cuirassiers d'Albert ; il manœuvra aussitôt pour envelopper ces troupes ; le combat s'engagea et se soutenait avec une égale opiniâtreté, lorsque le corps du maréchal Lannes, s'avançant avec la division Oudinot, fit mine de tourner l'ennemi ; au même instant la déroute de celui-ci devint complète. Il abandonna artillerie, bagages et drapeaux, et les Français firent prisonniers deux lieutenants-colonels, six majors, 60 officiers et 4000 soldats.

Ce combat fut très-glorieux pour la cavalerie française, qui eut presque seule les honneurs de cette journée. Le bulletin signala plusieurs traits particuliers de valeur qu'on n'a point négligé de consacrer dans le bas-relief où cette action est représentée. C'est ainsi qu'on voit d'abord le prince Murat loin en avant des

14 Le 6 Octobre le 4e Corps rencontre l'Ennemi à Donawerth.

15 Le 8 Octobre le Maréchal Murat bat l'Ennemi à Wertingen.

Pl. 12

Pl. 15

Le 8 Octobre, Entrée des Français à Wertingen.

Le 9 Octobre le 4e Corps entre dans

— la Ville d'Augsbourg. (18) Les 8 et 9 Octobre les deuxième et troisième Corps —

passent le Danube à Neubourg (19) Le 9 Octobre Guntzbourg est attaqué et pris. —

soldats à la tête desquels il chargeait. Vient ensuite le colonel Maupetit, qui, au moment où il se précipitait sur l'ennemi, fut atteint d'une blessure qu'on crut mortelle. Non loin de lui est le colonel Arrighi; cet officier eut deux chevaux tués sous lui et serait tombé au pouvoir des Autrichiens sans la valeur et le dévouement des dragons qu'il commandait. Enfin le tableau est terminé par l'action du colonel Beaumont, qui, après avoir sabré quelques cuirassiers d'Albert, vint saisir entre leurs rangs un de leurs officiers et le faire prisonnier de sa propre main. Étonnés de ce trait d'audace, tous s'empressent de déposer leurs armes.

Inscription : *Le 8 octobre, le maréchal Murat bat l'ennemi à Wertingen.*

PLANCHE XIII.

BAS-RELIEF N° 17.

Après le combat de Wertingen, les Français entrèrent dans la ville. Leurs premiers soins furent pour leurs blessés; quelques soldats transportèrent le brave colonel Maupetit, dont la blessure inspirait les plus vives inquiétudes à ses compagnons d'armes. Tous les paysans accoururent au-devant des Français, et prodiguèrent les soins les plus empressés. Ensuite on s'occupa de mettre en sûreté les prisonniers qu'on avait faits, pour les diriger plus tard sur le gros de l'armée. Ces différentes actions se trouvent reproduites dans ce bas-relief. Le lieu de la scène, qui était une ville, se trouve aussi caractérisé d'une manière convenable par la rangée de bâtiments qu'on voit dans le fond.

Inscription : *Le 8 octobre, entrée des Français à Wertingen.*

BAS-RELIEF N° 18.

Le corps du maréchal Soult avait continué rapidement sa marche, en poursuivant la division autrichienne qui s'était réfugiée à Aicha, et qui ne put s'y maintenir. Le maréchal arrive à Augsbourg avec ses trois divisions. L'entrée de cette ville est indiquée par la statue qui en décore le pont.

Inscription : *Le 9 octobre le 4e corps entre dans la ville d'Augsbourg.*

PLANCHE XIV.

BAS-RELIEF N° 19.

Le corps du maréchal Davoust et celui du maréchal Marmont étaient arrivés le même jour à Neubourg, et devaient servir à échelonner celui du maréchal Soult qui s'était porté en avant. L'un et l'autre passent le Danube dans des barques, l'un pour se porter à Aicha, l'autre pour prendre position entre cette ville et Augsbourg.

Inscription : *Les 8 et 9 octobre, les 2e et 3e corps passent le Danube à Neubourg.*

Bas-relief, n° 20.

Le combat de Wertingen a été suivi à vingt-quatre heures de distance du combat de Guntzbourg. Le maréchal Ney a fait marcher son corps d'armée en deux divisions, celle du général Loison sur Langenau, celle du général Malher sur Guntzbourg. L'ennemi n'a pu tenir sur aucun point ; en vain le prince Ferdinand est accouru en personne pour défendre cette place ; toute résistance a été inutile : 2500 tués, 1200 prisonniers, au nombre desquels était le major d'Aspre, et la prise de six pièces de canon, tel fut le résultat de cette journée.

Pour mieux défendre Guntzbourg, l'ennemi avait fait couper le pont et avait établi une batterie formidable de l'autre côté de la rivière. Malgré son feu continuel, les Français rétablirent le pont ; et à mesure que quelques nouvelles pièces de bois étaient ajustées sur les arches rompues, nos tirailleurs s'y précipitaient et ripostaient à la batterie qu'ils avaient en face d'eux par un feu de mousqueterie ; c'est ainsi qu'elle fut enlevée en quelques heures. Pendant ce temps le colonel Lacuée avait tourné la ville ; et lorsqu'il chargeait à la tête de son régiment, il reçut une blessure mortelle.

On a consacré dans ce bas-relief ces deux traits caractéristiques du combat de Guntzbourg. Des soldats et des sapeurs transportent et placent des madriers à la tête d'un pont, tandis que d'autres soldats se placent sur ces charpentes pour tirer contre la batterie ennemie ; quelques-uns sont déja passés et se précipitent, la baïonnette en avant, sur les canonniers autrichiens. Au côté opposé on voit une porte de ville, et près de là un officier blessé mortellement que ses soldats soutiennent dans leurs bras.

Inscription : *Le 9 octobre, Guntzbourg est attaqué et pris.*

PLANCHE XV.

Bas-relief, n° 21.

Ces premiers succès avaient enflammé l'enthousiasme des troupes. L'empereur voulut l'exalter encore en accordant quelques récompenses aux soldats et en témoignant sa satisfaction à ceux qui s'étaient le plus distingués. A son arrivée au village de Zusmershausen, il passa en revue les dragons et se fit présenter un nommé Marente, dragon au 4e régiment, et l'un des plus intrépides soldats de

Pl. 15.

(20) le 9. 8bre l'Empereur

distribue des Honneurs sur le pont de Zursmershausen. (21) le 10 Octobre l'Empereur arrive à Augsbourg

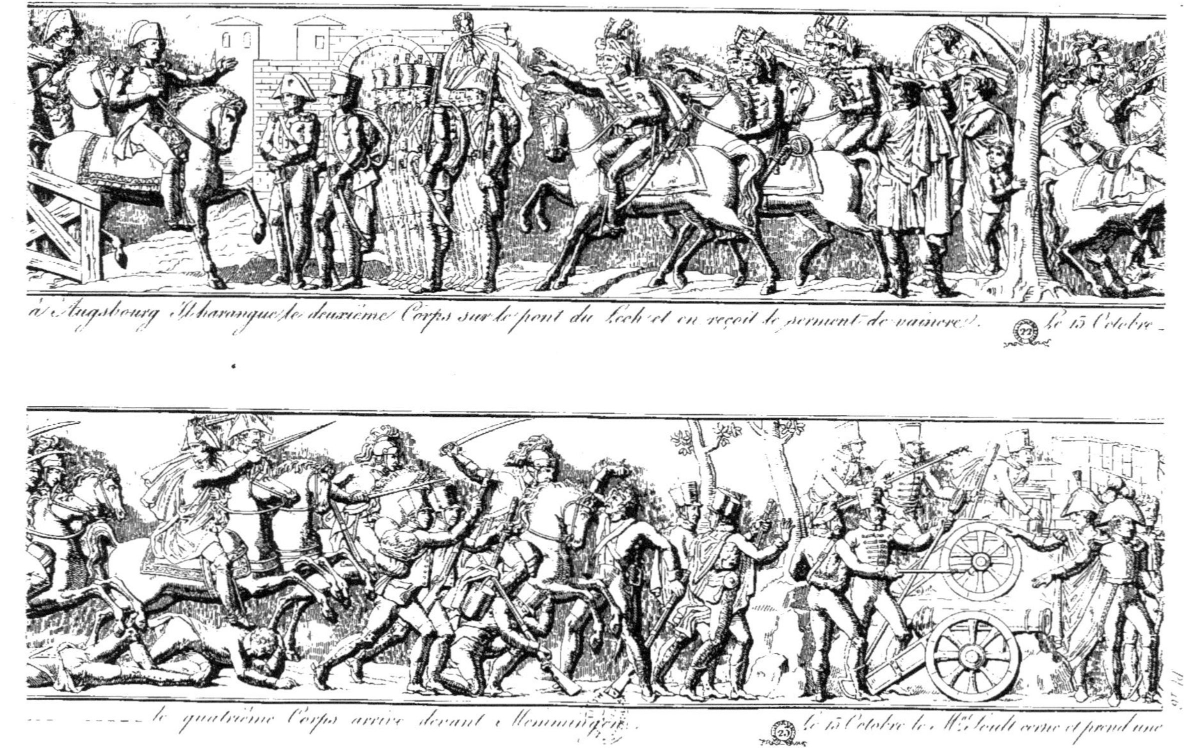

l'armée. Marente avait, au passage du Lech, sauvé son capitaine qui peu de jours auparavant l'avait cassé de son grade de sous-officier. L'empereur lui a donné l'étoile de la légion-d'honneur. Ce brave lui a répondu : « Je n'ai fait que mon devoir : mon capitaine m'avait cassé pour une faute de discipline, mais il sait que j'ai toujours été un bon soldat. » L'empereur distribua aussi une décoration par chaque régiment de dragons, et il remit l'insigne d'officier de la légion d'honneur au chef d'escadron Excellmans, qui depuis est devenu un de nos premiers généraux de cavalerie. Napoléon recevant des mains de cet officier les drapeaux pris à Wertingen, lui répondit : « Je sais qu'on ne peut être plus brave que vous, je vous fais officier de la légion-d'honneur. »

Le trait du sous-officier Marente est celui qu'on a représenté dans ce bas-relief. L'empereur à cheval au milieu du pont de Zusmershausen remet lui-même à ce brave la décoration qu'il avait si bien méritée. Le maréchal Lannes est près de Napoléon, que précèdent et que suivent des groupes de dragons.

Inscription : *Le 9 octobre, l'empereur distribue des honneurs sur le pont de Zusmershausen.*

PLANCHE XVI.

Bas-relief, n° 22.

L'empereur donnait à tous les siens l'exemple d'une infatigable activité. Jour et nuit à cheval, il était sans cesse au milieu des troupes, et partout où il croyait sa présence nécessaire pour donner l'impulsion. Il n'avait point oublié qu'il devait à une pareille conduite ses succès d'Italie, et qu'il lui importait de persuader aux officiers et aux soldats, que, témoin continuel de leurs actions, il saurait les apprécier et les reconnaître. A peine arrivé à Augsbourg, il en partit pour Burgau. Ayant rencontré, sur le pont du Lech, le corps d'armée du maréchal Marmont, il en fait former les régiments en cercle autour de lui, et les harangue à la manière des empereurs romains. Il leur parle de la situation de l'ennemi, de l'imminence d'une grande bataille, et de la confiance qu'il avait en leur valeur et leur dévoûment. Cette allocution avait lieu par un temps affreux; la neige tombait par gros flocons; le froid était assez vif, et le soldat avait les pieds dans la boue; mais les paroles de Napoléon n'en furent pas moins accueillies avec enthousiasme, et tous jurèrent de vaincre ou de mourir.

Cette action est figurée ici par la disposition des troupes. L'empereur, placé sur le pont, est dans l'attitude de haranguer ses soldats. Des groupes d'infanterie et de cavalerie rangés autour de lui, écoutent en silence; d'autres avancent le bras en signe de serment. Quelques habitants sont témoins de cet imposant spectacle.

Inscription : *Le 10 octobre, l'empereur arrive à Augsbourg; il harangue le 2e corps sur le pont du Lech, et en reçoit le serment de vaincre.*

BAS-RELIEF N° 23.

Depuis le passage du Danube, une partie des communications de l'ennemi avaient été coupées, Napoléon résolut de lui enlever celles qui lui restaient encore. Dans ce dessein, il ordonna au maréchal Soult de se porter sur Landsberg. Parvenue à sa destination, l'avant-garde française rencontra le régiment de cuirassiers de l'archiduc Ferdinand, qui se rendait à marches forcées à Ulm. Il furent chargés avec tant d'impétuosité qu'ils ne cherchèrent point à tenir un seul instant; il en fut de même des autres corps que l'on rencontra dans d'autres directions, et toute la marche de la division jusque devant Memmingen ne fut en quelque sorte qu'une charge continuelle de cavalerie. Telle est aussi l'idée qu'on a cherché à exprimer dans ce bas-relief où l'on voit des cavaliers lancés à toute course et sabrant tout ce qu'ils rencontrent sur leur passage.

Inscription : *Le 13 octobre, le 4e corps arrive devant Memmingen.*

BAS-RELIEF N° 24.

Le maréchal Soult arrivé avec ses trois divisions devant Memmingen, en forma aussitôt l'investissement. Cette place, que le général Mack avait fait fortifier et sur la résistance de laquelle il comptait beaucoup pour avoir le temps de réparer les défaites qu'avaient éprouvées successivement plusieurs corps de son armée, était défendue par un certain nombre de bouches à feu et par une garnison assez forte; mais il régnait parmi les Autrichiens un tel découragement, qu'après quelques pourparlers ils s'empressèrent de se rendre. La capitulation fut signée entre le général Salygny chef d'état-major du maréchal Soult, et le comte de Spangen commandant de la place.

Des officiers français font cesser le feu de l'artillerie dirigée contre une place de guerre, et reçoivent les généraux ennemis qui viennent capituler. Un trompette placé au haut des créneaux annonce la suspension du siège.

Inscription : *Le 13 octobre, le maréchal Soult cerne et prend une division ennemie dans Memmingen.*

division ennemie dans Memmingen.

Le 11 8bre 6000 Français cernés à Albeck par 25000 hommes battent l'ennemi et font ___

4000 prisonniers.

Le 14 Octobre le Maréchal Ney force le pont d'Elchingen et enlève la

position de l'Abbaye.

le 14 Octobre.

PLANCHE XVII.

Bas-relief n° 25.

Les troupes autrichiennes qui occupaient le camp retranché devant Ulm cherchèrent à faire une trouée en attaquant la division du général Dupont, qui était campée en avant, et occupait la position d'Albeck sur la rive gauche du Danube ; l'attaque de l'ennemi était très-impétueuse et ses forces égalaient quatre fois celles des Français. Cependant les quatrième régiment, neuvième d'infanterie légère, trente-deuxième, soixante-neuvième et quatre-vingt-seizième de ligne, réussirent à tenir tête aux 25000 hommes qui leur étaient opposés. Cernés presque de toutes parts, non-seulement ces braves résistèrent à toutes les attaques, mais ils restèrent maîtres du terrain et firent 1500 prisonniers. Cette action fit le plus grand honneur au général Dupont, qui y développa beaucoup de sang-froid et d'habileté. Le colonel Barrois fut cité pour sa bravoure dans le rapport remis à l'empereur.

Il n'y eut guère des deux côtés que de l'infanterie engagée dans ce combat. Les Français, obligés de soutenir le feu de l'ennemi qui les entourait de toutes parts, formèrent une espèce de bataillon carré, et ripostèrent avec tant d'ordre, de sang-froid et de précision, qu'ils ne purent être entamés sur aucun point. Cette manœuvre se trouve indiquée ici par la disposition des groupes. On s'est attaché aussi à reproduire exactement les différents temps des feux de file et de peloton. C'est ainsi qu'on a figuré des fantassins tirant sur plusieurs rangs, tandis que d'autres rechargent leurs armes.

Inscription : *Le* 11 *octobre*, 6,000 *français cernés à Albeck par* 25,000 *hommes, battent l'ennemi et font* 1,500 *prisonniers.*

PLANCHE XVIII.

Bas-relief n° 26.

L'importance du combat d'Elchingen a fait donner un grand développement au bas-relief qui en retrace les principaux faits. La réserve de cavalerie et les corps des maréchaux Ney et Lannes s'étaient placés vis-a-vis l'armée ennemie, dont la droite occupait Ulm, et la gauche Memmingen. Le maréchal Ney avait ses troupes sur les deux rives du Danube vis-à-vis d'Ulm. C'est dans cette position que l'empereur se rendit au quartier-général de ce corps d'armée. Le lendemain à la pointe du jour, le maréchal attaqua le pont d'Elchingen avec la division Loison. L'ennemi occupait la position avec une armée de 15 à 16 mille combattants. Tous les avant-postes furent enlevés au pas de course. C'est ce qu'on a figuré dans la première partie du tableau, où l'ennemi fuit devant les Français qui le poursuivent en courant.

Le pont n'opposa guère plus de résistance, bien qu'il fût défendu par plusieurs pièces de canons. Le soixantième régiment de ligne força le premier le passage en chargeant à la baïonnette; il fut soutenu par le soixante-seizième d'infanterie. Ce moment du combat est représenté dans la seconde partie du bas-relief.

Viennent ensuite les charges brillantes faites contre les batteries qui défendaient le pont. C'est là que le général Colbert eut un cheval tué sous lui, et que le chef d'escadron Domont fut atteint d'une balle à la gorge lorsqu'il chargeait avec trois cents hussards deux bataillons autrichiens qui avaient avec eux cinq pièces de canon. On voit ce brave officier blessé, et transporté par les habitants qui le conduisent dans leurs maisons. Quelques autres militaires également blessés reçoivent aussi des secours de la part des paysans.

On a cherché ensuite à rappeler le sang-froid avec lequel l'infanterie, après avoir passé le pont, se reforma sous le feu de l'ennemi, en représentant des soldats qu'un sous-officier fait placer sous les armes au milieu de la mêlée.

Ce fut alors que le combat devint très-meurtrier et que les Autrichiens se défendirent avec opiniâtreté. Deux charges successives furent repoussées; ce n'est qu'à la troisième, à laquelle se mêlèrent presque tous les généraux, que la position fut enlevée et que l'ennemi fut poursuivi jusque dans les retranchements établis en avant d'Ulm : de chaque côté d'une palissade sont les Français et les Autrichiens tirant les uns contre les autres. Déja un officier de chasseurs à pied s'est élancé sur les retranchements, et saisit à la gorge un soldat ennemi. C'est le signal de la défaite des Autrichiens, dont quelques-uns prennent la fuite. Un général-major, 3,000 prisonniers, quelques pièces d'artillerie, et l'importante position de l'abbaye où l'empereur établit ensuite son quartier-général, furent le résultat de cette brillante journée, qui valut plus tard au maréchal Ney le titre de duc d'Elchingen.

Inscription : *Le 14 octobre, le maréchal Ney force le pont d'Elchingen et enlève la position de l'Abbaye.*

PLANCHE XIX.

Bas-relief n° 27.

Tandis que le combat d'Elchingen était engagé, plusieurs attaques étaient dirigées sur les fortifications avancées d'Ulm. La principale avait lieu du côté de la

le fossé de la porte d'Ulm est attaqué (27) Le 15 Octobre l'Empereur arrive devant Ulm, acclamations de l'Armée

Pl. 19

(26) Le 15 Octobre attaque et prise du Michels-Berg

tête de pont, élevée sur la rive droite du Danube. Le maréchal Lannes avait fait occuper les hauteurs qui dominent la plaine au-dessus du village de Pfuhl. Ses tirailleurs attaquèrent et enlevèrent les postes avancés et parvinrent jusque dans les fossés et sous les murs de la place. C'est ce dernier moment qu'on a cherché à représenter ici. Quelques chasseurs à pied ont un engagement avec l'infanterie autrichienne, sous le feu même de la mousqueterie des remparts. Cet engagement n'eut au reste aucune suite; il n'avait pour objet que d'attirer l'ennemi de ce côté, tandis que les autres corps manœuvraient pour achever d'investir la ville. En effet, au même moment, le prince Murat attaquait tous les partis de cavalerie qu'il rencontrait, et le maréchal Marmont prenait position à l'embouchure de l'Iller, pour compléter le blocus d'Ulm.

Inscription : *Le 14 octobre le fossé de la porte d'Ulm est attaqué.*

Bas-relief, N° 28.

Lorsque la place fut cernée de toutes parts, l'empereur, qui avait dirigé les divers mouvements de son quartier général d'Elchingen, arriva devant Ulm pour passer la revue de ses troupes et commencer les opérations du siége. Napoléon avait manœuvré depuis son entrée en campagne de manière à placer le général Mack dans la position où s'était trouvé le général Mélas avant la bataille de Marengo. Celui-ci, après avoir long-temps hésité, avait pris du moins le parti de se faire jour à travers l'ennemi, et peu s'en fallut que ses efforts ne fussent couronnés du succès; mais le général Mack, après avoir montré plus d'irrésolution encore, avait fini par se jeter dans Ulm, espérant, à la faveur du grand nombre de routes qui aboutissent à cette place, pouvoir faire filer ses divisions sur différents points pour les réunir ensuite, partie en Bohême, partie dans le Tyrol. Les marches rapides et savantes des corps de l'armée française ne lui laissèrent pas le temps d'exécuter son projet. Ni le mauvais état des chemins difficiles, ni les rigueurs de la saison n'avaient pu ralentir l'ardeur des soldats; la présence de l'empereur mit le comble à leur enthousiasme. Dans le bas-relief où l'on a reproduit cette scène de la campagne, on voit au centre Napoléon parcourant à cheval les rangs de l'armée; derrière lui, sont le maréchal Ney et le maréchal Lannes. Des deux côtés de ce groupe, des soldats sous les armes élèvent leurs chapeaux en signe d'allégresse.

Inscription : *Le 15 octobre l'empereur arrive devant Ulm. Acclamations de l'armée.*

BAS-RELIEF, N° 29.

L'arrivée de l'empereur fut bientôt suivie de l'attaque et de la prise du Michels-berg, mamelon qui domine la ville et qui avait été fortifié par les Autrichiens. Ce fut à la baïonnette que le général Bertrand enleva cette position garnie de palissades et d'artillerie. En effet, on voit ici l'infanterie française, ayant des sapeurs en tête, marcher sur des batteries soutenues par des tirailleurs autrichiens. Déja une partie des palissades est abattue, et ceux qui, placés derrière, étaient chargés de les défendre commencent à prendre la fuite. La victoire n'est plus douteuse : dans un moment, les Français occuperont les retranchements. Des mourants et des blessés placés sur le premier plan, indiquent que l'engagement a été meurtrier.

Inscription : *Le 15 octobre attaque et prise du Michels-berg.*

PLANCHE XX.

BAS-RELIEF, N° 30.

Avant que la ville d'Ulm fût investie de toutes parts, la division de cavalerie du général Werneck était parvenue à déboucher du côté de Heidenheim, et le prince Ferdinand, plutôt que de se laisser enfermer dans la place, avait pris le parti de se risquer avec quatre escadrons par des chemins de traverse. Murat, informé de la direction qu'avait prise cette division, se mit à sa poursuite. Il l'atteignit au village de Languenau le 16, lui prit deux drapeaux, 3,000 hommes, et continua sa marche. Dès que l'empereur eut connaissance de ce mouvement il envoya, pour le soutenir, le maréchal Lannes par Aalen et Nordlingen. Ce renfort n'était pas nécessaire : Murat poursuivait sans relâche ses attaques et ses avantages, et rendait de plus en plus difficile la retraite du corps de Werneck. Enfin, il arriva à Nereshcim presque en même temps que les débris de cette division, et les attaqua tellement à l'improviste que le prince Ferdinand n'eut que le temps de monter à cheval et de fuir par des sentiers détournés. On fit encore mille à douze cents prisonniers dans ce nouvel engagement, où se distinguèrent surtout le général Klein et son aide-de-camp Brunet, qui depuis perdit un bras à la bataille d'Essling. De là, le prince Murat se porta sur Nordlingen où il enveloppa la division Werneck. Ces troupes qui, dans les deux combats précédents avaient perdu environ 4,000 hommes, harassées de fatigues et ne pouvant plus opposer de résistance, demandèrent à capituler. Le général Belliard, chef d'état-major de Murat, et le général Werneck signèrent une capitulation en vertu de

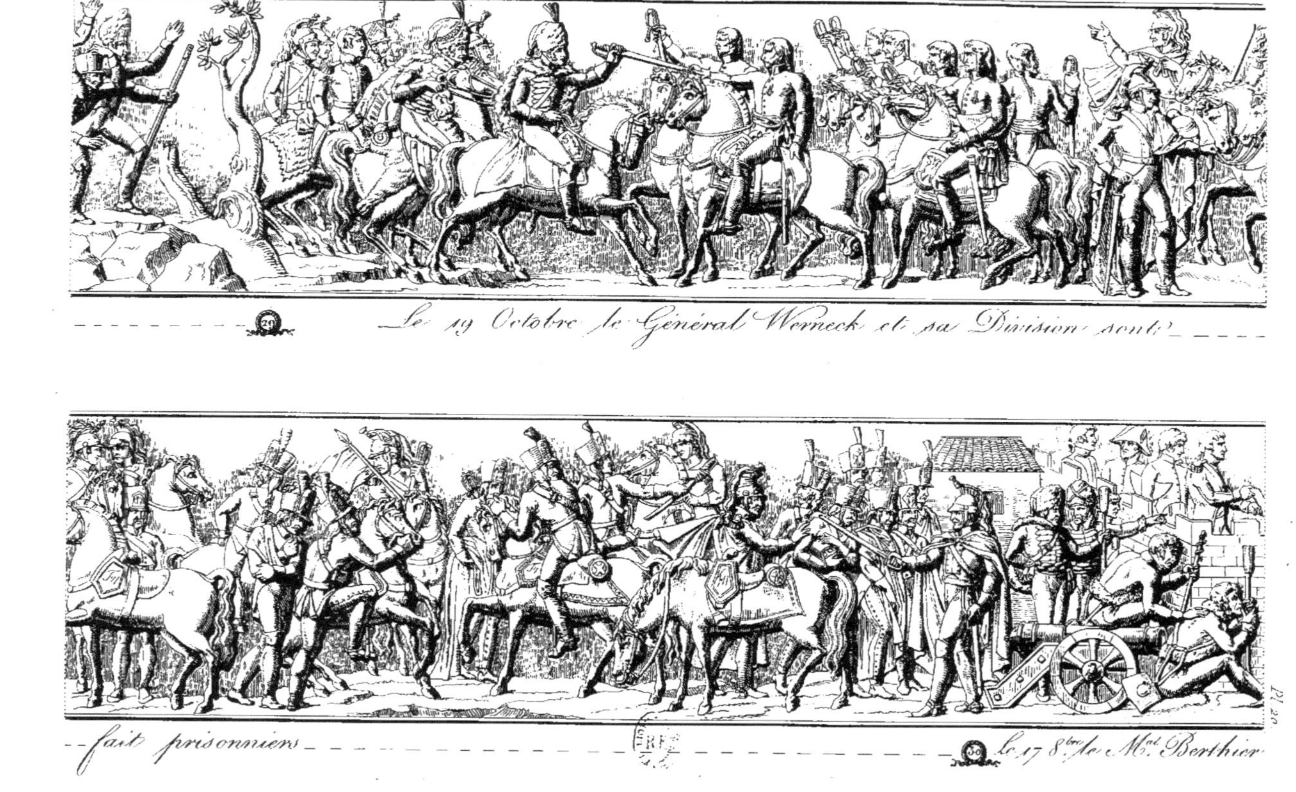

29 Le 19 Octobre le Général Werneck et sa Division sont fait prisonniers

30 Le 17 8bre le Mal. Berthier

laquelle le corps autrichien devait déposer les armes. Les officiers seuls étaient prisonniers sur parole; tous les soldats devaient être envoyés en France, et tous les bagages, chevaux et convois remis au pouvoir des Français.

Le résultat de cette capitulation se trouve exprimé ici par un bas-relief assez étendu. Dans la première partie, le général Werneck et les généraux qui se trouvaient avec lui, placés entre un groupe de dragons et l'état-major de Murat, remettent leurs épées au prince et aux officiers qui l'accompagnent. Dans la seconde partie, des cavaliers autrichiens livrent aux dragons leurs armes et leurs chevaux; quelques-uns forment déja un groupe de prisonniers en marche.

Inscription : *Le 19 octobre le général Werneck et sa division sont faits prisonniers.*

Bas-relief, n° 31.

Tandis que Murat était à la poursuite de la division Werneck, les autres corps de l'armée française se disposaient à livrer un assaut général; et telle était l'ardeur du soldat, qu'il ne fallut pas moins de l'ascendant du général en chef et de ses défenses expresses pour retarder le moment de l'attaque. Maître de toutes les hauteurs qui dominent la ville, il voulait néanmoins, avant de commencer le siége, faire une dernière tentative pour prévenir l'effusion du sang; il manifesta le désir d'avoir une entrevue avec le prince de Lichtenstein, major général de l'armée autrichienne enfermée dans Ulm, et aussitôt le prince se rendit au quartier général. L'empereur, après lui avoir fait le tableau de la situation des deux armées, et des dangers auxquels on exposerait les habitants de cette place, l'engagea à employer son influence auprès du général Mack, pour le déterminer à ne point courir les chances d'une résistance inutile. Le prince tomba d'accord avec l'empereur sur la nécessité d'une capitulation, et demanda pour la garnison, officiers et soldats, la faculté de retourner en Autriche. « Je pourrais l'accorder « aux officiers, reprit Napoléon; mais quant aux soldats, qui me garantira qu'on « ne les fera pas servir de nouveau? » Puis, après avoir réfléchi un moment, il ajouta : « Eh bien ! je me fie à la parole du prince Ferdinand; s'il est dans la « place, je veux lui donner une preuve de mon estime, et je lui accorde ce que « vous me demandez, dans l'espoir que la cour de Vienne ne démentira pas la « parole d'un de ses princes. » Le prince de Lichtenstein avoua alors que le prince Ferdinand n'était plus dans Ulm. « Dans ce cas, dit l'empereur, je ne vois « pas qui peut me donner la garantie de ce que je demande. »

En se séparant du prince de Lichtenstein, Napoléon lui dit qu'il accordait au général Mack deux jours pour se décider. La réponse ne se fit pas attendre, et avant l'expiration du délai fixé, le maréchal Berthier, major général de la grande armée, eut l'autorisation d'entrer dans Ulm, où il arrêta, de concert avec le feld-maréchal Mack, la capitulation dont voici les principales bases. La place sera remise aux Français avec tous les magasins, les approvisionnements et l'artillerie. La garnison sortira de la place, et, après avoir défilé, déposera les armes; les officiers seront renvoyés sur parole, les soldats et sous-officiers seront conduits en France. Cependant si, jusqu'au 25 octobre à minuit, des troupes autrichiennes ou russes venaient à débloquer la ville, la garnison sortirait librement avec ses armes pour rejoindre les troupes qui l'auraient débloquée.

Sur le premier plan du bas-relief où l'on a figuré la remise de la capitulation, des canonniers, ayant en main leurs mèches allumées, sont groupés au-devant ou autour de leurs pièces, et paraissent attendre le résultat de ce qui se passe dans la place contre laquelle est dirigée l'artillerie. Sur le second plan, et derrière des murs crénelés, on voit le général Berthier recevant des mains du maréchal Mack la convention qui venait d'être arrêtée entre eux. L'un et l'autre de ces généraux sont faciles à reconnaître à la fierté ou à l'abattement de leur attitude; l'uniforme des officiers ou des soldats placés derrière eux sert encore à les faire distinguer.

Inscription : *Le 17 octobre le maréchal Berthier reçoit la capitulation d'Ulm.*

PLANCHES XXI, XXII ET XXIII

BAS-RELIEF, N° 32.

Depuis la signature de la capitulation dont on vient de parler, des communications s'étaient établies entre les deux armées. Le maréchal Mack n'espérant plus aucun secours de sa nation ni des Russes, se rendit au quartier général de l'empereur, quelques jours avant le terme arrêté pour l'entière évacuation de la place. Là, il apprit du maréchal Berthier l'éloignement des débris de l'armée autrichienne, qui avaient pris position au delà de l'Inn; les avantages remportés par le prince Murat sur la division Werneck; et enfin les dispositions faites par les différents corps de la grande armée pour défendre les approches de la place. Convaincu alors de l'inutilité d'une plus longue attente, il se détermina à remettre la ville dès le lendemain, après avoir signé une nouvelle convention avec le major général. En conséquence, les troupes renfermées dans Ulm et Trochetelfingen défilèrent le 20 octobre au nombre de 40,000 hommes, dont 2,000 de cavalerie : plus de 60 pièces de canons et 40 drapeaux furent remis entre les mains des vainqueurs.

reçoit la capitulation d'Ulm. 51 Le 20 Octobre quinze cents Officiers et quarante mille hommes ! ---

sortent d'Ulm, posent les armes et se rendent en France ! ---

Pl. 51

Suite du N° 31.

Suite du N° 31.

(52) Le 20 8bre le Feld-Maréchal Mack et dix-huit Généraux remettent leur épée en présence de l'Empereur (53) La Victoire

Cet immense convoi est figuré ici dans une série de bas-reliefs compris sous le même numéro. On voit d'abord l'infanterie sortant de la ville, et déposant les armes : plusieurs faisceaux de fusils indiquent combien la garnison était nombreuse. Vient ensuite la cavalerie : on reçoit leurs chevaux et leurs sabres ; plus loin, une colonne de prisonniers est déja en marche pour se rendre en France ; enfin, des trains d'artillerie, des caissons et des munitions de guerre sont remis aux canonniers français qui en prennent possession.

Inscription : *Le 20 octobre 1,500 officiers et 40,000 hommes sortent d'Ulm, posent les armes et se rendent en France.*

Bas-relief, n° 33.

Pendant que la garnison d'Ulm défilait, l'armée française était rangée en bataille sur les hauteurs qui environnent la ville, et l'empereur était placé en avant sur un tertre, entouré seulement de son état major, et d'une partie de sa garde ; rien n'était plus imposant que ce spectacle. Le maréchal Mack et dix-huit généraux autrichiens faits prisonniers avec lui, viennent remettre leur épée à l'empereur qui les fit placer près de lui, et eut avec eux un assez long entretien. « Messieurs, leur dit-il entre autres choses, votre maître me fait une guerre in-« juste. Je vous le dis avec franchise, je ne sais pas pourquoi je me bats ; j'ignore « ce qu'on veut de moi. » Puis il ajouta : « Je donne encore un conseil à mon « frère l'empereur d'Allemagne, qu'il se hâte de faire la paix. C'est le moment de « se rappeler que tous les empires ont un terme ; l'idée que la fin de la dynastie « de la maison de Lorraine serait arrivée doit l'effrayer. Je ne veux rien sur le « continent ; ce sont des vaisseaux, des colonies, du commerce que je veux, et « cela vous est avantageux comme à nous. » Le général Mack répondit à Napoléon que son maître n'avait pas voulu la guerre, mais qu'il y avait été forcé par la Russie. « En ce cas, répondit l'empereur, vous n'êtes donc plus une puissance. »

On a très-bien représenté cette scène. L'empereur, placé sur une petite élévation en avant de ses officiers, adresse la parole au général Mack, tandis qu'un de ses aides-de-camp reçoit les épées des autres généraux autrichiens. Le lieu est caractérisé par le fonds du bas-relief, où l'on aperçoit les murs d'Ulm ; et la saison par le feu de bivouac placé sur le premier plan.

Inscription : *Le 20 octobre le feld-maréchal Mack et 18 généraux remettent leur épée en présence de l'empereur.*

PLANCHE XXIV.

Bas-relief, n° 34.

Ce tableau est entièrement imité d'un bas-relief de la colonne trajane. La Victoire se repose un moment, et inscrit sur l'airain des exploits auxquels elle vient de présider. De chaque côté, s'élève un trophée militaire, composé des dépouilles des vaincus : à la différence des armes près, ces trophées sont semblables à ceux des anciens Daces. Cette allégorie, la seule qui ait trouvé place dans la colonne de la grande armée, offre un sens facile à saisir. Les rapprochements qu'elle rappelle, sont ingénieux, et elle marque bien aussi la rapidité et l'importance de cette première partie de la campagne. Il ne faut point oublier qu'en moins de 20 jours, Napoléon avait passé le Rhin, fait 60,000 prisonniers, conquis un matériel immense, et délivré le territoire de son allié. Ces grands résultats, obtenus en si peu de temps, et avec si peu de pertes, se trouvent indiqués par ces mots qu'on lit sur le bouclier de la Victoire : *Capitulation d'Ulm.*

Inscription : *La Victoire inscrit sur un bouclier l'histoire de cette première partie de la campagne.*

Bas-relief, n° 35.

Après quelques instants de repos, l'empereur fit connaître à l'armée qu'elle allait éprouver de nouvelles fatigues. « Soldats, leur dit-il dans un ordre du jour, « vos premiers succès sont dus à votre confiance sans bornes dans votre empereur, à votre patience à supporter les privations de toute espèce, à votre rare « intrépidité. Mais nous ne nous arrêterons pas là, et déja vous êtes impatients « de commencer une seconde campagne. Cette armée russe, que l'or de l'Angleterre a transportée des extrémités de l'univers, nous allons lui faire éprouver le « même sort. A ce combat est attaché plus spécialement l'honneur de l'infanterie « française ; c'est là que va se décider pour la seconde fois cette question, déja « résolue en Suisse et en Hollande, si l'infanterie française est la première ou la « seconde de l'univers. » Bientôt, en effet, l'armée se mit en mouvement pour se réunir à Munich, point central des opérations ultérieures. Napoléon ne tarda point à la rejoindre dans cette ville, d'où le 1er corps d'armée commandé par le maréchal Bernadotte, avait déja chassé l'ennemi.

On a choisi le moment où l'empereur fait son entrée à Munich, suivi de son état major et d'un convoi d'artillerie, auquel les soldats bavarois s'étaient attelés d'eux-mêmes. Il arrive devant la porte de la ville, précédé de deux chasseurs de

Pl. 24.

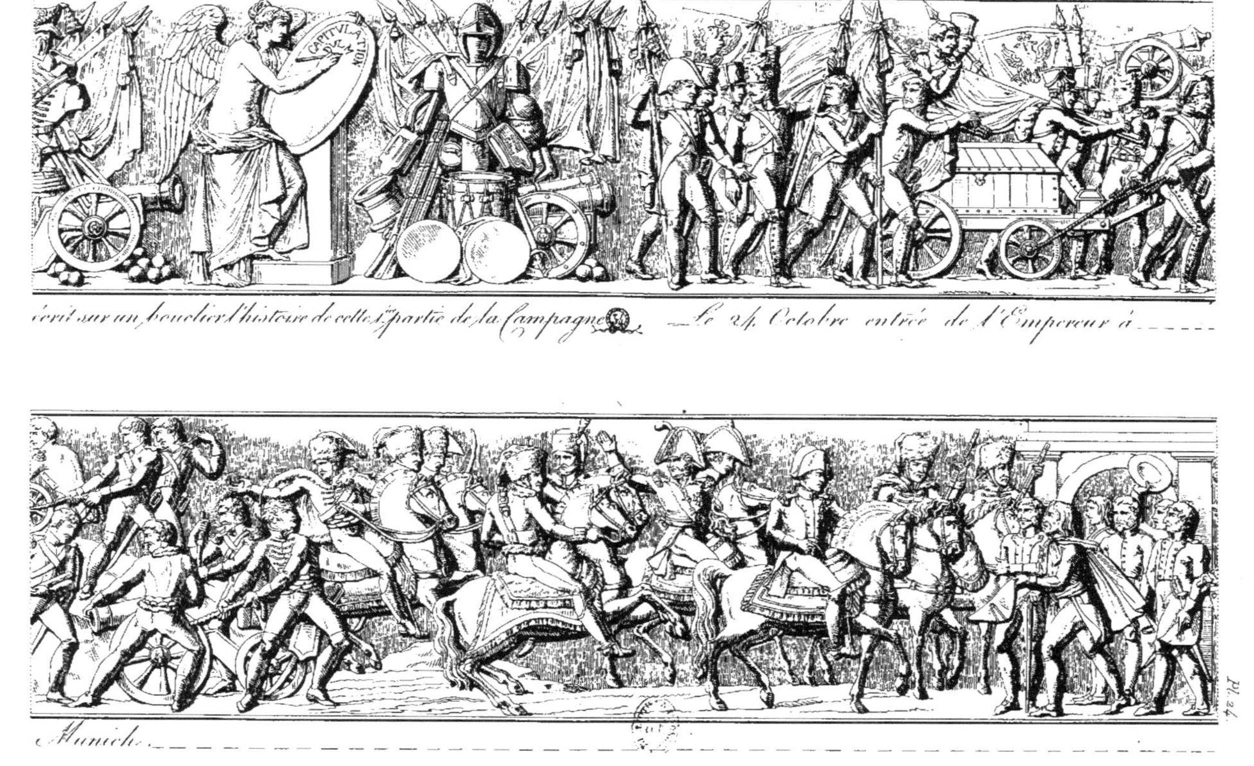

écrit sur un bouclier l'histoire de cette 1re partie de la Campagne — Le 24 Octobre entrée de l'Empereur à

Munich.

35 Le 27 8bre le 1er Corps arrive sur l'Inn devant Wasserburg 36 Le 28 8bre le 3e

Corps passe l'Inn à Muhldorf 37 Le 29 8bre l'Empereur entre à Braunau clef de l'Autriche, et prend les magasins et l'artillerie.

la garde, marchant en éclaireurs; le corps municipal, et les autorités civiles et militaires, étaient venus à la rencontre du libérateur de la Bavière; toute la population s'était aussi portée sur son passage : on avait spontanément illuminé la ville, et les femmes, tenant des couronnes de lauriers et des palmes à la main, venaient les déposer aux pieds du vainqueur. C'est au milieu des acclamations générales qu'il traversa la ville pour descendre au palais, où l'attendaient la famille de l'électeur de Bavière, et le corps diplomatique. On a caractérisé l'enthousiasme du peuple par quelques groupes d'habitants, hommes et femmes, qui élèvent en l'air ou des branches d'arbres, ou leurs chapeaux.

Inscription : *Le 24 octobre entrée de l'empereur à Munich.*

PLANCHE XXV.

Bas-relief, n° 36.

Le maréchal Bernadotte, après avoir chassé l'ennemi de Munich, et repoussé le corps du général Kienmayer jusqu'à l'Inn, avait pris position sur l'Iser. A peine les premières colonnes du centre de l'armée se furent-elles rapprochées de lui, que l'empereur lui ordonna de se porter sur Wasserburg avec toutes ses forces, dont la division d'Hautpoult faisait partie. Le premier corps d'armée se mit aussitôt en marche, et son avant-garde arriva dès le 26 devant cette ville; mais l'armée autrichienne avait détruit tous les ponts sur l'Inn, et occupait encore la rive opposée. Une partie de la journée du 27 fut employée, sous la protection de l'artillerie, à réparer le pont de Wasserburg; vers l'après midi, quelques escadrons de Français et de Bavarois ayant traversé l'Inn dans des bateaux, les Autrichiens prirent la fuite, et laissèrent ainsi achever rapidement les travaux du pont. L'armée passa le jour même et le lendemain.

On voit ici des soldats traverser le fleuve soit en bateaux, soit sur un pont auquel les ouvriers travaillent encore.

Inscription : *Le 27 octobre le 1er corps d'armée passe l'Inn à Wasserburg.*

Bas-relief, n° 37.

Le passage de l'Inn fut simultané comme celui du Rhin; les divers corps d'armée traversèrent ce fleuve à peu près le même jour, vers les différents points qui leur avaient été assignés par l'empereur. Le 3e corps, sous les ordres du maréchal Davoust, arriva le 27 devant Muhldorf, et, dès le lendemain, le pont fut rétabli, malgré les batteries que l'ennemi avait établies sur l'autre rive, et les retranchements naturels que formait l'inégalité du terrain. Ces obstacles, qui ne purent arrêter l'impétuosité des soldats, se trouvent indiqués par quelques rochers en avant et en arrière du pont que l'on répare, et par une ligne de tirailleurs qui font un feu de mousqueterie contre ceux qui tentent le passage.

Inscription : *Le 28 octobre le 3e corps passe l'Inn à Muhldorf.*

Bas-relief, n° 38.

Le maréchal Lannes, après avoir descendu l'Iser, avait marché sur Braunau, position importante vers laquelle le maréchal Soult s'était également dirigé avec son corps d'armée. Cette place n'opposa qu'une faible résistance, quoiqu'elle fût entourée d'une enceinte bastionnée, avec pont-levis, demi-lune et fossés remplis d'eau. On y trouva une grande quantité de rations, et des approvisionnements de tous genres. A la vérité, les habitants en avaient enlevé une grande partie avant l'entrée des Français ; mais une proclamation sévère suffit pour engager chacun à rapporter la portion dont il était détenteur. Une autre ressource dont l'empereur sut apprécier l'opportunité, consistait dans de vastes magasins de poudre et de munitions de guerre : aussi, lorsqu'il arriva dans cette ville, son premier soin fut d'y former le dépôt du grand quartier général de l'armée. En conséquence, il ordonna que toutes les fortifications fussent réparées et augmentées, et nomma pour gouverneur le général Lauriston qui, à cette époque, était honoré de sa confiance.

On a représenté le moment où Napoléon indique sur un plan les réparations qui sont à faire pour mettre cette place à l'abri d'un coup de main. Le général Lauriston écoute, dans une attitude respectueuse, les instructions que lui donne l'empereur. Le maréchal Lannes, et un officier supérieur complètent l'ensemble de ce groupe. Des soldats et des pionniers sont occupés à transporter des bois, ou à élever des palissades. On voit dans le fond des sacs de farine, des barils de poudre, des boulets et quelques pièces d'artillerie qui rappellent les approvisionnements trouvés dans cette ville.

Inscription : *Le 29 octobre l'empereur entre à Braunau, clef de l'Autriche, et prend les magasins et l'artillerie de l'ennemi.*

PLANCHE XXVI.

Bas-relief n° 39.

Les divers corps d'armée poursuivaient leurs marches sans prendre de repos. Le prince Murat et le maréchal Davoust se portèrent presqu'en même temps sur la

Pl. 26.

de l'Ennemi. 38 Le premier novembre, le troisième Corps passe la Traun à Lambach. 39 Le 2 novembre prise –

– d'Ebersberg sur la Traun. 40 Le 3 novembre, le Cinquième Corps entre à Lintz. 41 Le 5, 9.bre le M.al Murat – avec son Corps, ayant –

Traun où se trouvait une division du premier corps russe récemment arrivé en Autriche et commandé par le général Kutusow. On rencontra cette division dans les environs de Haag. Le général Bisson fit avancer sa brigade que soutinrent le 1er de chasseurs et le 8e de dragons; puis le colonel Conroux à la tête du 17e d'infanterie de ligne, ayant fortement engagé l'action et rompu la première ligne des Russes, des charges de cavalerie faites à propos et avec intrépidité achevèrent la déroute de l'ennemi. Le soir même on prit position en avant de Lambach où le maréchal Davoust se rallia le lendemain avec le reste de son corps d'armée. On s'occupa dès lors à remplacer par un pont de bateaux, le pont qui avait été coupé et brûlé. Vainement l'ennemi, qui était encore sur l'autre rive, voulut troubler cette opération par un feu soutenu de mousqueterie, on lui riposta et pendant ce temps le brave colonel Valter se jeta avec quelques hommes dans un bateau, passa la rivière et dispersa tout ce qui se trouva devant lui. Dans cette action le général Bisson reçut au bras une blessure assez grave.

De chaque côté du fleuve l'infanterie fait un feu de file; au centre on voit quelques militaires sur des bateaux, qui traversent le fleuve, dans le fond sont les débris d'un pont qui est la proie des flammes. Sur le premier plan, du côté des Français, le général Bisson s'appuie sur un soldat; il vient d'être blessé au bras, mais la douleur ne peut l'arracher du champ de bataille, et avant de se retirer il veut être témoin du succès de la tentative du colonel Valter, et de la fuite de l'ennemi.

Inscription : *Le 1er novembre le 3e corps passe la Traun à Lambach.*

Bas-relief, n° 40.

De Lambach le prince Murat, en remontant la rive gauche de la Traun s'était dirigé vers Lintz qu'il trouva déja occupé par le général Milhaud. L'ennemi en se retirant de cette ville, avait jeté 400 hommes dans Ebersberg pour retarder la marche des Français; mais le général Walther que Murat avait envoyé sur ce point, ayant fait passer sous la protection de son artillerie légère un certain nombre de dragons dans des bateaux pour attaquer la ville, l'ennemi ne songea plus à la défendre et prit la fuite avec précipitation.

C'est ce qu'on voit représenté ici. Un groupe de dragons s'embarque dans des batelets qu'ils gouvernent eux-mêmes. Un officier seul dans une nacelle indique le chemin et se trouve déja à l'autre bord. Sur le second plan sont quelques pièces d'artillerie destinées à protéger le passage, qui n'éprouva que peu de résistance; et dans le fond on aperçoit les remparts et la porte bastionnée d'Ebersberg.

Inscription : *Le 2 novembre prise d'Ebersberg sur la Traun.*

BAS-RELIEF, N° 41.

La grande armée marchait en quelque sorte en échelons, et les divers corps se succédaient sans interruption dans les villes ou dans les positions militaires. Le corps du maréchal Lannes vint remplacer à Lintz le corps du prince Murat qui se portait en avant. Le bas-relief où cette scène de la campagne est indiquée, ne représente qu'un passage de troupes, traversant le pont de Lintz au pas de course, pour rappeler la rapidité des manœuvres. Le maréchal est en tête, et l'on voit passer à la fois artillerie, infanterie et cavalerie.

Inscription : *Le 3 novembre le 5ᵉ corps entre à Lintz.*

BAS-RELIEF, N° 42.

Tout le pays compris entre la Traun et l'Ens fut bientôt couvert de troupes françaises. Pendant que le corps du maréchal Davoust, rallié à Lambach, marchait sur Steyer, et que celui du maréchal Soult passait aux ponts de Wels et d'Ebersberg, la cavalerie du prince Murat, et les régiments de troupes légères attachés aux corps d'armée, se répandaient dans la vallee de la Krems, et poussaient au-delà de l'Ens la cavalerie ennemie. D'un autre côté, le général Kutusow avait reconnu l'impossibilité même de tenir la ligne de ce fleuve, avec les faibles secours qu'il pouvait attendre des débris de l'armée autrichienne : il prit la résolution de se retirer, en opposant aux progrès de l'invasion toute la résistance qui ne pouvait pas compromettre le salut de son armée. C'est dans ces dispositions qu'il opéra sa retraite par la grande route de Lintz à Vienne, espérant encore pouvoir, pour couvrir cette capitale, faire sa jonction avec l'armée de l'archiduc Charles, que le maréchal Masséna repoussait par le Tyrol. Il fit prendre position à une partie de son armée sur les hauteurs d'Amstetten; mais le prince Murat ne fut pas long-temps sans l'atteindre et sans l'attaquer. Après quelques engagements de cavalerie légère, Murat fit avancer la division des grenadiers Oudinot, qui avait été détachée du corps du maréchal Lannes. Cette magnifique division se forma en plusieurs colonnes d'attaque. D'abord les Russes se défendirent avec assez d'opiniâtreté; mais le général Oudinot ayant ordonné une charge générale à la baïonnette, l'ennemi fut déposté sur tous les points, et laissa 400 hommes sur le champ de bataille. Poursuivi ensuite par la cavalerie, il précipita sa retraite et perdit encore environ 1,500 hommes qui furent faits prisonniers.

Ce combat est figuré ici par un corps de grenadiers, soutenus par quelques

Pl. 27

passé l'Inn à Muhldorf, bat l'Armée Russe à Amstetten — (42) Entrevue de l'Empereur Napoléon et de l'Électeur de Bavière près de Lintz. —

(43) les 4 et 5 9.bre le 6.e Corps s'empare du Tyrol après la Capitulation du fort de Luetasch, le Combat de Scharnitz et le Combat en avant d'Inspruck (44) Le 7 9.bre Prise des Magasins d'Inspruck, les Malades sont confiés à la Générosité française. (45)

cuirassiers, et chargeant à la baïonnette sur l'ennemi qui prend la fuite; l'inégalité du terrain et une artillerie nombreuse rendaient la position formidable. On a indiqué cette circonstance autant que la sculpture peut en fournir les moyens.

Inscription : *Le 5 novembre le prince Murat, avec son corps d'armée, ayant passé l'Inn à Muhldorf, bat l'armée russe à Amstetten.*

PLANCHE XXVII.

Bas-relief, n° 43.

L'empereur qui avait établi son quartier général à Lintz, dirigeait de là tous les mouvements qui devaient avoir pour résultat de faire passer l'Ens à son armée, et la porter dans la basse Autriche. C'est à Lintz qu'il reçut le général Giulay, qui vint lui demander une suspension d'armes, et qu'il répondit aux propositions de ce général, que quand on était à la tête d'une armée victorieuse de 200,000 hommes, on ne traitait point d'armistice avec les débris d'une armée vaincue. Ce fut là aussi que l'électeur de Bavière, qui n'avait pu joindre Napoléon à Munich, vint offrir l'expression de sa reconnaissance au vengeur des outrages qu'il avait reçus de la cour d'Autriche. Il rencontra ce souverain aux portes de la ville, comme il allait passer une revue : l'entrevue eut lieu en plein air; l'électeur descendit de voiture, et l'empereur de cheval. On a représenté la scène telle qu'elle s'est passée; l'électeur et son fils s'inclinent devant l'empereur qui les accueille avec bienveillance. Près de Napoléon est son cheval de bataille, tenu par un officier; à côté est son Mamelouck qui l'accompagnait dans toutes ses campagnes, et plusieurs généraux de son état major.

Inscription : *Entrevue de l'empereur Napoléon et de l'électeur de Bavière, près de Lintz.*

Bas-relief, n° 44.

Pendant son séjour à Lintz, Napoléon s'attacha à donner une activité nouvelle à l'expédition qu'il avait confiée à l'intrépidité du vainqueur d'Elchingen. Le maréchal Ney, reçut l'ordre de s'emparer du Tyrol afin de prévenir toute entrave aux opérations ultérieures de la grande armée, soit en Allemagne, soit en Italie. « Les seuls points par lesquels on pouvait envahir cette province, dit ce grand capitaine dans le compte qu'il a rendu de son expédition, étaient le passage de Fuessen, celui de Scharnitz, et la vallée de l'Inn par Kuffstein. Le point de Fuessen était trop rapproché de la masse des forces ennemies celui de

Kuffstein, au contraire, trop éloigné, aurait donné le temps à l'ennemi de se rassembler dans la vallée de l'Inn, et de nous opposer des forces trop supérieures : il ne restait que le passage de Scharnitz au centre d'une ligne trop étendue et trop disséminée. »

Ce fut donc ce passage, le mieux fortifié par la nature et l'art, que le maréchal Ney choisit pour point d'attaque. Il quitta la vallée du Lech, remonta vers les branches de l'Iser, et arriva dans les environs de Mittenvald et de Partenkirch. Là, il détacha le général Loison, avec une partie de sa division, pour s'emparer du fort et du défilé de Luetasch, situés au revers de la sommité qui domine les ouvrages de Scharnitz. Bientôt le commandant du fort, capitula. Alors la division se partagea en deux ; l'une se porta par Seefeld, l'autre gravit la plus haute sommité, d'où le feu des tirailleurs devait plonger dans les retranchements, et rendre la défense de la place très périlleuse. Le 69ᵉ régiment, qui formait la seconde colonne, réussit à escalader ces rochers, que les Autrichiens regardaient eux-mêmes comme inaccessibles. De là, ils se précipitèrent bientôt dans les retranchements où ils ne trouvèrent qu'une centaine de Tyroliens; le reste des troupes avait pris le parti d'évacuer la place et de se retirer sur Inspruck. En opérant ce mouvement, les Autrichiens rencontrèrent la colonne que le général Loison avait dirigée de ce côté pour leur couper la retraite. Un combat inégal s'engagea ; mais bientôt les vainqueurs de Scharnitz arrivèrent sur le champ de bataille, et changèrent la face du combat : la troupe autrichienne, prise entre deux feux, perdit l'avantage du nombre, et fut obligée de rendre les armes. Ces succès rapides décidèrent du sort du Tyrol.

On a représenté cette triple action dans un seul bas-relief. Sur le premier plan des soldats français, au milieu des rochers, sont aux prises avec des soldats ennemis. D'un côté, au revers de la montagne, on aperçoit un fort, et les commandants chargés de le défendre, qui remettent leur épée à un officier français, suivi de quelques soldats ; au côté opposé, l'infanterie française s'avance, la baïonnette en avant, pour prendre part au combat engagé derrière la montagne.

Inscription : *Les 4 et 5 novembre le 6ᵉ corps s'empare du Tyrol, après la capitulation du fort de Luetasch, le combat de Scharnitz, et le combat en avant d'Inspruck.*

Bas-relief, n° 45.

Pendant que le maréchal Ney remportait ces avantages dans le Tyrol, le maréchal Augereau, avec deux divisions, s'emparait du Voralberg ; ainsi, tout marchait de front à l'aile droite de la grande armée, et ces opérations si habilement dirigées mettaient à l'abri de toute inquiétude les mouvements que l'empereur

Le 7 9bre Drapeaux français repris dans l'Arsenal d'Inspruck. Le 9 9bre le 3e Corps et la réserve entrent à St. Polten. Le 10 9bre l'Empereur et son Quartier

général sont à l'Abbaye de Molk. Le 11 Novembre Combat de Krems près de Diernstein.

projetait le long du Danube. Le maréchal Ney acheva la conquête du Tyrol en marchant sur Inspruck, que l'archiduc Jean s'empressa d'évacuer. Ce prince, avant de partir, avait chargé un colonel de remettre entre les mains du vainqueur les munitions et approvisionnemens amassés dans cette ville, et de recommander à sa générosité 1,200 blessés qu'on avait été forcé d'abandonner dans les hôpitaux d'Inspruck.

L'artiste a choisi le moment où le maréchal Ney reçoit les officiers autrichiens: Ceux-ci, après lui avoir fait la remise des magasins qu'on voit dans le fond, lui présentent les soldats que des blessures graves avaient empêché de suivre le gros de l'armée. Le maréchal leur promet les secours qu'on doit attendre d'un ennemi loyal et généreux, et cette promesse ne fut point vaine.

Inscription : *Prise des magasins d'Inspruck, les malades sont confiés à la générosité française.*

PLANCHE XXVIII.

Bas-relief, n° 46.

Le rapport de l'évènement représenté ici semble avoir servi de programme. Tous les détails en sont fidèlement reproduits. « Le 76e régiment, y dit-on, avait perdu, dans une campagne précédente, deux drapeaux qui lui avaient été pris dans le pays des Grisons. Cette perte était depuis long-temps pour le corps entier le motif d'une affliction profonde; et bien que l'armée ne pût en accuser leur valeur, ces braves ne se regardaient pas moins comme entachés aux yeux de leurs camarades des autres régiments. Un officier de ce même 76e, parcourant les salles de l'arsenal, reconnaît les deux enseignes, objet d'un si noble regret. Avertis par lui, tous les soldats du régiment accourent pour contempler ces trophées que le corps entier vient de conquérir, ce dont ils ne peuvent disposer pour eux-mêmes sans l'aveu du maréchal qui les commande. Une scène touchante et vraiment pittoresque s'offre alors aux regards de tous ceux que la curiosité attirait sur les pas du 76e régiment: les deux drapeaux sont entourés par un groupe de braves qui se pressent et se heurtent, afin de pouvoir toucher ces enseignes qui les guidèrent si souvent à la victoire, qu'ils avaient perdues par une circonstance indépendante de leurs efforts, et qu'ils retrouvèrent par l'effet de leur constance à braver de nouveaux dangers. Leur joie est muette comme l'avait été leur douleur, et ne s'exprime que par des larmes et des sanglots, spectacle sublime et qui ne peut être senti, comme il doit l'être, que par ceux qui savent apprécier les vertus militaires des Français!

« Les drapeaux furent rendus au 76e régiment : en les recevant des mains du vainqueur d'Elchingen, les vieux soldats jurèrent de ne les quitter désormais qu'à la mort; ce serment fut répété par les jeunes conscrits qui, étrangers à la perte de ces enseignes françaises, étaient fiers d'avoir contribué à les enlever à l'ennemi. »

Le moment représenté est celui où les soldats qui viennent d'être conduits dans l'arsenal par leur officier, découvrent les drapeaux que celui-ci leur indique de la main. Leurs attitudes expriment parfaitement les sentiments qu'ils éprouvent. Cette scène a été très bien rendue aussi dans un tableau peint par Meynier, aujourd'hui membre de l'académie des Beaux-Arts.

Inscription : *Le 7 novembre les drapeaux français sont repris dans l'arsenal d'Inspruck.*

Bas-relief, n° 47.

On avait tout lieu de penser que l'armée russe du général Kutusow, forte d'environ 40,000 hommes, et les corps de Kienmayer et de Wirfeld qui formaient son arrière-garde, n'avaient abandonné si promptement les positions de la Traun et de l'Ens que pour se rallier sur celle de St.-Polten, la seule qui restât pour couvrir Vienne. La disposition du terrein offrait un champ de bataille avantageux pour cette armée; et selon toutes les combinaisons militaires, elle ne pouvait refuser le combat. Napoléon l'espérait ainsi, et il avait fait ses dispositions en conséquence. Trois corps d'armée, ceux du maréchal Davoust, du général Marmont et du maréchal Bernadotte, devaient attaquer l'aile gauche des Austro-Russes, pendant que le prince Murat avec sa cavalerie, le maréchal Lannes avec le corps des grenadiers d'Oudinot et la division du général Suchet devaient manœuvrer sur la droite de la position. Le maréchal Soult avec trois divisions devait attaquer le centre, et toute la garde impériale en réserve aurait frappé les derniers coups et décidé la victoire. Tout ce plan fut sans objet par le parti qu'adopta le général Kutusow. Il fit un mouvement rétrograde pour passer le Danube près de Krems, dans la vue de se replier sur la Moravie, afin d'opérer sa jonction avec les deux autres armées russes qui s'avançaient à marches forcées à travers ce pays; en sorte que quand le prince Murat arriva près de St.-Polten, il ne trouva plus que de faibles corps autrichiens qui se retiraient sur Vienne, et qui fuyaient à son approche.

Le bas-relief où cette circonstance de la campagne est indiquée, représente des soldats ennemis qui se précipitent vers une porte de ville, poursuivis qu'ils sont par la cavalerie française lancée à toute course.

Inscription : *Le 9 novembre le 5e corps et la réserve entrent à St.-Polten.*

BAS-RELIEF, N° 48.

En se retirant, l'ennemi avait coupé les ponts sur l'Ips; mais ils avaient été promptement rétablis, et le prince Murat arriva presque sans obstacle devant l'abbaye de Molk. Bientôt l'empereur y vint établir son quartier-général, tandis que le mouvement de l'armée se continuait sur Vienne. Cette abbaye est une des plus belles de l'Europe; il n'y a en France ni en Italie aucun couvent qu'on puisse lui comparer. Elle est dans une position forte, et domine le Danube; c'était un des principaux postes des Romains, qui l'appelaient la *Maison de Fer :* les fondations en ont été construites, dit-on, sous l'empereur Commode.

Les caves et les celliers de cette abbaye se trouvèrent pourvus d'une grande quantité de vins de Hongrie et de toutes sortes de provisions, qui furent d'un utile secours à l'armée : ajoutons que les révérends pères firent d'assez bonne grace les honneurs de leur couvent.

L'empereur est représenté au moment où il vient de descendre de cheval, et où il est conduit à l'abbaye de Molk par un officier supérieur autrichien; quelques officiers de son état-major le suivent, et quelques gardes ont déja passé le seuil de la porte pour faire l'inspection du couvent; un frère marche derrière eux; dans le fond on voit deux grands moles qui représentent les ailes de ce spacieux bâtiment : la porte est décorée de chaque côté d'une figure de saint.

Inscription : *Le 8 novembre l'empereur fait son entrée dans l'abbaye de Molk.*

BAS-RELIEF, N° 49.

Le maréchal Mortier était parti de Lintz pour opérer un mouvement qui déterminât l'armée russe à recevoir la bataille sur le plateau de St.-Polten, ou à lui couper la retraite si la bataille avait été déja livrée. Il arriva trop tard ou trop tôt : trop tard, puisque l'ennemi avait déja opéré sa retraite : trop tôt, car il se trouva cerné presque de toutes parts par des forces six fois supérieures aux siennes. Ayant passé le Danube, il suivit le chemin de halage qui conduit à Stein et à Krems, chemin montueux et difficile qui va toujours en se rétrécissant, de sorte qu'aux approches de Dierustein à peine dix hommes peuvent-ils passer de front, tant est rapide en cet endroit l'escarpement des bords du Danube. Le maréchal avait partagé son corps d'armée en deux colonnes qui se suivaient à un jour de distance : à la tête de la première marchait le général Gazan. Le maréchal, ne trouvant aucun obstacle, et trompé par les rapports des habitants sur la force de l'ennemi et sur la distance où il se trouvait, engagea une partie de son corps dans les défilés de ces montagnes.

Diernstein est fermé du côté de Stein par une porte pratiquée dans le mur d'enceinte qui entoure cette ville ; à cette porte aboutit un défilé resserré entre deux épaisses murailles construites au pied de la montagne sur laquelle est situé le vieux château où Richard-Cœur-de-Lion fut retenu prisonnier. On déboucha à la sortie de ce défilé dans un bassin ovale et peu étendu, derrière lequel les Russes avaient pris position. La gauche de ce bassin ne présente que des ravins difficiles à gravir; à droite se trouve le Danube, dont le cours est en cet endroit d'une extrême rapidité, au milieu s'élève le petit plateau de Loiben.

La nuit qui suivit l'arrivée de Francais dans leurs positions se passa dans une entière sécurité; on n'apercevait qu'un petit nombre de feux sur le rideau des avant-postes de l'ennemi; mais à la pointe du jour, ce même rideau parut couronné par plusieurs bataillons, et il fut facile de reconnaître qu'on était entouré de troupes russes, qui occupaient toutes les hauteurs et les principaux passages des défilés. C'est sur un plateau étroit et dans des gorges difficiles, que 4,000 Français firent tête à 30,000 Russes, et finirent non-seulement par rester maîtres du champ de bataille, mais par mettre l'ennemi dans une déroute complète, et par lui faire un grand nombre de prisonniers. Il n'entre pas dans notre plan de donner de longs développements aux opérations militaires de cette campagne; nous ne pouvons cependant résister au désir de rapporter ici quelques détails de cette glorieuse défense.

Voici quelle était, le second jour, la position désespérée des Français : 4,000 hommes étaient concentrés sur le petit plateau de Loiben, ayant devant et derrière eux des masses énormes d'ennemis, à gauche un escarpement impraticable, et à droite le Danube, sur lequel il n'y avait aucun moyen de passage. Dans cette situation, le maréchal Mortier assembla ses principaux officiers pour savoir quel parti il convenait de prendre. Mais pendant la délibération, le major Henriod, qui se trouvait dans l'endroit le plus périlleux du plateau, conçut le projet de sauver la division française. Il fit prévenir le général Gazan que si on voulait suivre les mouvements qu'il pourrait faire avec ses bataillons, il répondait du salut de l'armée. Bientôt il expliqua son plan, qui fut approuvé par le maréchal et par le général Gazan. Alors, s'adressant aux grenadiers qui étaient en tête de sa colonne, « Camarades, s'écria-t-il, nous sommes enveloppés par 30,000 Russes, et nous ne « sommes que 4,000; mais les Français ne comptent point leurs ennemis, nous « leur passerons sur le corps; grenadiers du 100e, vous aurez l'honneur de charger « les premiers, souvenez-vous qu'il s'agit de sauver les aigles françaises. Nous « sommes tous grenadiers, » répond aussitôt le régiment tout entier.

Après s'être ainsi assuré du dévouement du soldat, le brave Henriod fait tirer les six derniers boulets qui restent dans les caissons de ses deux seules pièces d'artillerie. Ces coups, habilement dirigés sur le prolongement des deux murs entre lesquels étaient placés les Russes, en font retomber les pierres sur l'ennemi; en même temps, on bat la charge aux cris de *Point de quartier, ce sont les Russes.* La colonne s'avance impétueusement sans répondre à la fusillade dirigée contre elle. La première section enfonce les baïonnettes dans le corps des premières files russes, en faisant une décharge de ses armes, ce qui jette l'épouvante dans les files qui suivent; la seconde section exécute la même manœuvre : les autres, dans l'impatience d'en venir aux mains, se précipitent sur les Russes, en se servant de leurs baïonnettes comme de poignards, tant ils ont peu d'espace pour faire usage de leurs armes.

Par l'effet d'une combinaison heureuse autant qu'intrépide, le général Dupont avait engagé le combat avec le côté opposé de la même colonne russe. Ayant depuis la veille entendu une forte cannonade dans ces montagnes, il avait compris toute l'étendue du danger que courait le corps du maréchal Mortier, avait hâté la marche de sa division qui était à deux jours de distance de celle du général Gazan, et avait commencé l'attaque aussitôt son arrivée. Les Russes concentrés dans un chemin étroit, et pris ainsi entre deux feux sans pouvoir développer leurs forces, ne purent résister à cette double attaque. Leur centre écrasé par le refoulement des deux extrémités de la colonne, cherche à échapper à ce nouveau genre de mort en franchissant et en renversant les murs de droite et de gauche de la route. En ce moment la terreur devint générale parmi les troupes ennemies, et cette terreur s'accrut encore par l'obscurité de la nuit, qui ne permit plus aux Russes de juger des moyens de se rallier. Tout fuit dans le plus grand désordre, et laisse le champ libre aux Français, qui se portent sur le village de Diernstein.

Une méprise funeste faillit troubler la fin de cette brillante journée : La division, du général Dupont et celle du général Gazan s'étant rencontrées dans l'obscurité faillirent en venir aux mains, lorsque à une exclamation partie des deux rangs opposés les soldats se reconnurent et se précipitèrent dans les bras les uns des autres. Le lendemain les deux divisions vinrent à Spitz, passèrent sur la rive droite du Danube, et prirent position à Alstertof. C'est là que le maréchal apprit toute l'étendue du désastre que sa division et celle du général Dupont avaient fait éprouver à l'armée russe. Il se mit aussitôt en mouvement pour suivre les avantages achetés par tant de bravoure.

Le bas-relief où l'on a consigné le souvenir de cette série d'actions glorieuses, représente des soldats français et russes combattant corps à corps entre des montagnes dont le pied est baigné par un fleuve et le sommet couronné par les tourelles d'un vieux château, celui où fut enfermé le roi Richard. Le terrain est jonché de cadavres, quelques-uns ont roulé jusques dans le fleuve. Vers le milieu du bas-relief on voit le colonel Walther qui vient de recevoir une blessure qu'on croyait mortelle, il était déja au pouvoir de deux grenadiers russes, lorsque deux Français viennent à son secours et l'arrachent des mains de l'ennemi. Quoiqu'il règne dans cette composition tout le désordre d'une mêlée, l'action n'est pas douteuse. On voit que l'avantage est aux Français, et que les Russes prennent la fuite, bien que quelques-uns des leurs cherchent encore à disputer la victoire. La lune, dont on apperçoit le croissant, indique que c'est de nuit que se passe cette scène éclairée du reste par l'incendie du village de Loiben.

Inscription : *Combat de Krems près de Diernstein.*

PLANCHE XXIX.

Bas-relief, n° 50.

Napoléon n'eut pas plutôt appris l'heureuse issue du combat de Diernstein, qu'il pressa le mouvement sur Vienne. La démarche que le comte Giulay avait faite auprès de lui, ne lui laissait pas ignorer, que s'il pouvait parvenir à empêcher la jonction des deux armées russes, il lui serait facile de dicter la paix à l'Autriche, dans le sein de sa capitale. Il savait, en outre, dans quelles dispositions se trouvait la population de Vienne. L'empereur François II, avait réuni la garde de cette ville à la milice bourgeoise, et dans la proclamation, qu'à ce sujet il avait adressée aux habitants, il leur rappelait, que l'expérience lui avait appris, que les Français ne s'écartent pas des lois de la discipline, lorsqu'on les accueille avec bienveillance, et qu'ils ne se montrent exigeants, que quand ils aperçoivent de la mauvaise volonté parmi les habitants. Bientôt une capitulation fut conclue au nom des Viennois, entre le prince Sinyendorf et le major-général de l'armée française; et le 13 novembre, le prince Murat se présenta aux portes de Vienne, où il fut reçu par une députation composée des plus notables citoyens. La milice bourgeoise était sous les armes, et les habitants bordaient les rues, ou se tenaient à leurs fenêtres. Au bout de deux heures, la confiance était si bien établie, que toutes les boutiques étaient ouvertes, et que chacun vaquait à ses affaires.

Le bas-relief où cette prise de possession est indiquée, représente le prince Murat suivi d'une division de cavalerie et d'infanterie, au moment où il va passer sous la porte de Vienne, près de laquelle se trouve la députation de la ville. Murat est revêtu de l'espèce de costume polonais, qu'il portait ordinairement à l'armée, et tient à la main le bâton de maréchal de France.

Pl. 29.

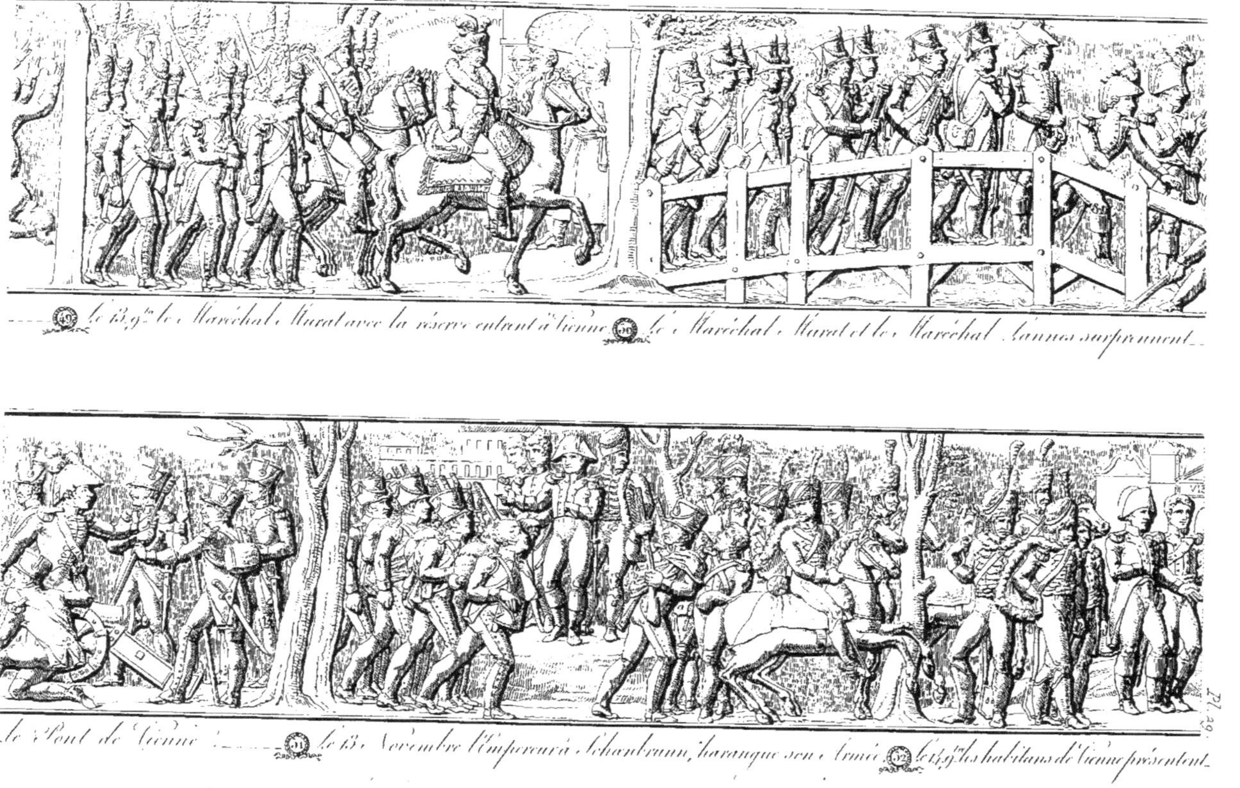

49 le 13 9bre le Maréchal Murat avec la réserve entrent à Vienne 50 le Maréchal Murat et le Maréchal Lannes surprennent le Pont de Vienne.

51 le 13 Novembre l'Empereur à Schönbrunn, harangue son Armée 52 le 14 9bre les habitans de Vienne présentent

Inscription : *Le 13 novembre, le maréchal Murat avec la réserve, entre à Vienne.*

BAS-RELIEF, N° 51.

Napoléon ne perdait point de vue le projet d'empêcher la jonction des deux armées russes, et transmit, en conséquence, des ordres et des instructions aux différents corps de la grande armée. Une des recommandations principales était, d'assurer le passage libre sur le pont du Danube. Dès leur entrée dans la ville, le prince Murat, le maréchal Lannes et le général Bertrand, à la tête d'une colonne de grenadiers, traversent sans s'arrêter le faubourg de Léopold, et marchent droit au pont de Spitz, au-delà duquel l'arrière-garde autrichienne s'était retirée, ne laissant qu'un poste avancé sur la rive droite. Le premier poste fut tellement surpris de voir la colonne française, l'arme au bras, les généraux en tête et à pied, s'approcher avec confiance, en faisant des signes de bonne intelligence, que l'officier qui commandait ce poste se replia sur le pont. On l'y suivit avec les mêmes démonstrations. Le pont était miné et enduit de matières combustibles. Vers le milieu se trouvait un second poste avec une pièce de canon, destinée à donner le signal pour incendier le pont. Un officier tenait déja la mèche, lorsque le maréchal Lannes lui retient le bras, en s'écriant : que faites-vous! Au même instant, d'autres généraux retournent la pièce. On se mêle, on parlemente en avançant toujours, et l'on a traversé le pont, avant que le général autrichien ait su quel parti prendre. Aussitôt la colonne française débouche et se déploie sur l'autre rive, les Autrichiens se dipersent, et le passage du Danube est enlevé comme Napoléon l'avait prévu. Toute cette manœuvre est parfaitement représentée ici; on voit les soldats français s'appuyant sur leurs armes, tandis que les maréchaux s'expliquent avec des canonniers autrichiens, et que Lannes saisit le bras de celui qui était prêt à mettre le feu à la pièce.

Inscription : *Le maréchal Murat et le maréchal Lannes surprennent le pont de Vienne.*

BAS-RELIEF, N° 52.

Pendant que les corps d'armée du prince Murat et du maréchal Lannes prenaient possession de Vienne, l'empereur avait porté son quartier général à Schoenbrunn, maison de plaisance impériale, distante de la capitale de quelques lieues. Napoléon s'y établit le lendemain du jour, où l'avaient évacué les jeunes archiduchesses, parmi lesquelles se trouvait la princesse Marie-Louise, qui, quatre ans plus tard, devait être le gage d'une troisième paix entre son père et l'empereur des Français. C'est de cette maison de plaisance qu'il dirigeait tous les

8.

mouvements de la grande armée, et qu'il répondait à toutes les négociations d'armistice qui lui étaient proposées. On l'a représenté ici, au moment où il vient de passer une grande revue; et, où ayant fait placer ses troupes en cercle il leur témoigne sa satisfaction sur ce qu'elles ont fait, et ses espérances sur ce qu'elles feront encore, pour couronner dignement une campagne si glorieusement commencée. Placé sur un tertre, entouré de quelques généraux, il est dans l'attitude d'un homme qui s'adresse à des soldats attentifs. Dans le fonds, on voit les bâtiments du palais de Schoenbrunn.

Inscription : *Le* 13 *novembre, l'empereur à Schoenbrunn harangue son armée.*

PLANCHE XXX.

Bas-relief, n° 53.

Le lendemain de l'entrée des Français à Vienne, l'empereur se rendit dans cette capitale. Il avait refusé tous les honneurs dont les habitants voulaient accompagner sa réception. Cependant, il ne put empêcher que les magistrats et le clergé ne vinssent au devant de lui, à la porte de Carinthie, lui présenter les clefs de la Ville. C'est le moment que le sculpteur a représenté dans ce bas-relief. Napoléon descendu de cheval et accompagné de son état-major, reçoit les clefs que lui présentent les autorités civiles et ecclésiastiques de la capitale de l'Autriche. Plusieurs habitants ont suivi la députation, et expriment, par leur attitude, la curiosité que leur inspire ce spectacle. Le même sujet a exercé les pinceaux d'un de nos peintres les plus habiles. Les amis des arts n'ont point oublié que M. Girodet a fait un très-beau tableau de cet épisode de la campagne d'Austerlitz, tableau qui fut exposé au salon de 1810, et qui valut à ce célèbre artiste la décoration de la légion d'honneur qu'il porte aujourd'hui.

Inscription : *Le* 14 *novembre, les habitants de Vienne présentent les clefs de leur ville à l'empereur.*

Bas-relief, n° 54.

De retour de Vienne à Schoenbrunn, Napoléon y reçut la députation des maires de Paris, qui venaient au nom du préfet et du Corps municipal, le féliciter sur le succès de ses armes, et recevoir les drapeaux qui avaient été pris à Wertingen, et dont il avait fait hommage à la ville de Paris. Cette députation fut présentée par le prince Murat, qui était alors gouverneur de la capitale (1). Ce fut

(1) Cette députation était composée de MM. Dupont, Benard, Brière de Mondétour et Jean-Joseph Rousseau ; c'est par erreur qu'à la page 18, on a désigné M. Bricogne comme en faisant partie.

les Clefs de leur ville à l'Empereur. — (53) L'Empereur remet aux Maires de Paris les Drapeaux pris sur l'ennemi. (54) Les 15 et 16 Novembre —

Combat d'Hollabrunn (connu sous le nom de Schongraben). (55) Le 20 9.bre l'Empereur reçoit à Brunn les Députés de la Moravie (56)

M. Dupont, maire du septième arrondissement, qui porta la parole pour ses collègues, et remit une adresse signée par M. Frochot, prefet, MM. Le Cordier, Brière de Mondétour, J. J. Rousseau, Doulcet d'Égligny, Moreau, Bricogne, Dupont, Bénard, Péron, Duquesnoy, Camet de la Bonnardière et Collette, maires. L'empereur leur répondit à peu près en ces termes: « Vous avez été à même de « voir les malheurs de la guerre, et par le triste spectacle dont vos regards ont été « frappés, vous pouvez apprendre aux Français, qu'ils doivent regarder comme « salutaire et sacrée la loi de la conscription, s'ils ne veulent pas voir quelque « jour leurs habitations dévastées, et le beau territoire de la France livré à « l'invasion et aux ravages des barbares. » Ces paroles avaient quelque chose de prophétique, cependant elles ne prévinrent pas les désastres qu'elles annonçaient.

Après cet entretien, on leur fit la remise des drapeaux ennemis, dont une partie était destinée à orner les voûtes de la cathédrale de Notre-Dame. On voit d'un côté l'empereur entouré de ses officiers. Il adresse la parole aux maires, dont le prince Murat présente le plus âgé. Dans le fond, les grenadiers apportent les drapeaux qu'ils ont conquis eux-mêmes.

Inscription: *L'empereur remet aux maires de Paris, les drapeaux pris sur l'ennemi.*

BAS-RELIEF, N° 55.

Après la prise de Vienne, le grand objet de Napoléon, comme on l'a dit précédemment, était, d'atteindre les débris de l'armée de Kutusow et de l'armée autrichienne réunis, avant leur jonction à la seconde armée russe, qui s'avançait par la Haute-Moravie. Le maréchal Murat les rejoignit près d'Hollabrünn; mais au lieu de leur livrer bataille, suivant les instructions qu'il avait reçues, il consentit à un armistice qu'il expédia aussitôt à l'empereur. En attendant la réponse, près de vingt-quatre heures s'écoulèrent, et pendant ce temps, le gros de l'armée russe s'était dirigé en toute hâte vers le point où devait s'opérer sa réunion avec l'autre armée de sa nation. Napoléon qui avait pressenti ce mouvement, avait refusé de ratifier l'armistice, et avait fait avancer vers Hollabrünn une partie de la garde impériale. Il n'était plus temps, l'arrière-garde des Russes seule restait, et avait pris position en arrière du village de Schongraben, sous les ordres du prince Bagration. Le maréchal Murat ordonna aussitôt l'attaque, quoique le jour fut déja tombé. Dès le commencement de l'action, des obus mirent le feu à des magasins de paille dans le village de Schoengraben; et l'incendie, dont la lueur éclairait toutes les manœuvres de l'armée française, et dont la fumée masquait les mouvements des Russes, fut d'abord funeste à nos troupes. Cependant, cernés et pressés de toutes parts, les Russes, qui du reste étaient en nombre bien inférieur, furent obligés de céder. Mais la lutte fut long-temps douteuse, et la mêlée un moment générale. L'obscurité favorisa les ruses de l'ennemi. Un corps russe ayant placé ses officiers en tête, ceux-ci crièrent à nos soldats: *Ne tirez pas, nous sommes Français!* Ce stratagème réussit, ils parvinrent à s'échapper. Un autre corps voulut employer le même moyen, mais ayant tiré presque à bout portant contre les Français, au moment où ceux-ci avaient suspendu leur feu, ce corps fut taillé en pièces.

On a représenté ici l'action, au moment où elle est générale et se passe des deux côtés du pont, qui avait, un instant, séparé les Français et les Russes. Dans le fond, des bâtiments qui brûlent éclairent cette scène. Dans un des angles du bas-relief, on voit près d'un bivouac le prince Bagration, que des soldats français prennent pour un de leurs généraux; près de là on a indiqué une montagne, derrière laquelle l'armée russe est en marche pour assurer sa retraite.

Inscription: *Les 15 et 16 novembre, combat d'Hollabrunn connu sous le nom de Schongraben.*

Bas-relief, n° 56.

Poursuivant toujours l'armée russe, l'empereur avait transporté son quartier-général à Brunn, où une députation des états de Moravie, à la tête de laquelle se trouvait l'évêque et son clergé, vint à sa rencontre. Napoléon eut, avec les membres de cette députation, un assez long entretien sur l'impopularité de cette guerre. On trouve sur ce sujet les réflexions suivantes, dans le bulletin où l'on rend compte de l'entrée des troupes françaises en Moravie. « Les Moraves sont étonnés de voir au milieu de leurs immenses plaines, les peuples de l'Ukraine, du Kamchatka, de la grande Tartarie, et les Normands, les Gascons, les Bretons et les Bourguignons, en venir aux mains et s'égorger, sans cependant que leur pays ait rien de commun, ou qu'il y ait entr'eux aucun intérêt politique immédiat. Un fermier morave disait à un officier français, en parlant de Joseph II, que c'était l'empereur des paysans, et que, s'il avait continué à vivre, il les aurait affranchis des droits féodaux qu'ils payent aux couvents de religieuses. »

Cette scène se compose du groupe des officiers français qui accompagnent l'empereur, et de celui du clergé qui suit l'évêque de Brunn. Dans le fond est une porte de ville palissadée, ce qui annonce que cette place est fortifiée.

Inscription: *Le 20 novembre, l'empereur reçoit à Brünn les députés de la Moravie.*

56 Le 22 Novembre des reconnaissances arrivent jusqu'à Olmutz. 57 Les 27 et 28

9.bre le Maréchal Davoust entre à Presbourg capitale de la hongrie. 58 le 27 Novembre l'Empereur fait prendre position à son armée et fortifie

Pl. 31.

PLANCHE XXXI.

Bas-relief, n° 57.

N'ayant pu réussir à empêcher la réunion des armées russe et autrichienne, Napoléon songea du moins à concentrer ses forces pour livrer une bataille décisive. Après les avoir réparties de manière à pouvoir les rassembler en vingt-quatre heures, et après s'être rendu maître de toutes les communications, il porta son quartier-général à Pohorlitz point d'intersection des deux routes de la Bohême et de la Moravie. De leur côté les empereurs de Russie et d'Autriche s'étaient réunis à Olmutz et s'étaient occupés des moyens de gagner du temps, afin de pouvoir opposer aux nouvelles tentatives du vainqueur une armée plus considérable et moins découragée. Mais Napoléon avait pénétré le projet de ses adversaires, et loin de ralentir les mouvements de ses corps d'armée, il fit pousser des reconnaissances jusque sous les murs d'Olmutz. L'approche des troupes françaises accéléra le départ de l'empereur François II, il avait déja quitté la capitale avec la même précipitation, lorsque l'avant-garde de Murat s'était approchée de Vienne. Cette double circonstance se trouve très-bien indiquée ici dans une partie du bas-relief; des dragons français arrivent à toute course devant les palissades d'Olmutz. Dans l'autre, la voiture de l'empereur d'Autriche vient de franchir la porte de la ville et prend avec rapidité le chemin de la Pologne. Les officiers qui accompagnent ce prince montrent par leur attitude et leur expression, qu'il n'y a plus de salut que dans une prompte fuite. A peine les valets de pied ont-ils eu le temps d'atteler les chevaux à sa voiture, l'un d'eux achève d'attacher les traits pendant la marche.

Inscription : *Le 23 novembre des reconnaissances arrivent jusqu'à Olmutz.*

Bas-relief, n° 58.

Le corps du maréchal Davoust qui formait l'aile droite de l'armée était disloqué, une de ses divisions était à Znaim, une autre à Neustadt sur la route de Carinthie, et le maréchal, après être resté quelques jours à Vienne, s'était porté sur Presbourg à la tête de la cavalerie légère du général Vialanes. Le comte de Palfy qui commandait cette place déclara au maréchal, au nom de l'archiduc palatin de Hongrie, que si les Français s'engageaient de ne commettre aucun excès il ne leur serait opposé aucune résistance, et qu'à leur approche il n'éclaterait aucune insurrection. L'empereur Napoléon avait consenti à cette espèce de neutralité à la condition que la ville serait occupée par ses troupes. En conséquence, le maréchal

Davoust vint prendre possession de cette ville qui lui fut remise sans coup férir. A son arrivée le comte de Palfy qui s'était rendu à la porte de la ville, suivi des notables et du clergé, lui annonce les dispositions amicales des habitants; et, en effet, la meilleur harmonie ne fut pas interrompue un instant entre les Français et les Hongrois.

Inscription : *Les 27 et 28 novembre le maréchal Davoust entre à Presbourg, capitale de la Hongrie.*

BAS-RELIEF, N° 59.

Napoléon n'ayant pu parvenir à empêcher la jonction des armées russes, se prépara du moins à leur livrer une bataille décisive. Il n'ignorait pas que leurs forces réunies surpassaient de beaucoup celles donc il pouvait disposer, et il ne négligea aucun moyen de suppléer au nombre par toutes les ressources du génie, de l'art et du courage. Le choix du terrain était pour lui d'une grande importance. Il allait visiter lui-même toutes les positions. Ce fut dans une de ces reconnaissances sur le plateau collineux d'Austerlitz qu'il conçut le grand projet dont l'exécution devait être si prochaine et si glorieuse. « Messieurs, dit-il aux officiers qui l'entouraient, regardez bien ceci, étudiez ce terrain, car, sous peu de jours ce sera votre champ de bataille. » Sa détermination prise, tout fut calculé pour le faire réussir. Des ordres furent aussitôt transmis à tous les corps d'armée pour leur assigner leurs positions respectives, leur indiquer les mouvements qu'ils devaient opérer, l'attitude qu'ils devaient prendre. Chaque cas était prévu de telle sorte que toutes les masses pouvaient manœuvrer avec la même facilité et la même promptitude qu'un petit corps d'armée, et qu'il suffisait de quelques heures pour les réunir toutes sur un même point.

Après les dispositions générales il s'occupa de fortifier les points les plus importants, de manière que s'il éprouvait un échec dans le premier moment, il put renouveler pendant trois jours consécutifs les chances d'une bataille et effectuer même sa retraite en bon ordre, soit sur le Danube par le pont de Krems, soit sur la Bohême par Iglau; une des positions qu'il s'attacha surtout à rendre formidable, était le Bosevitz-berg, montagne escarpée et détachée qui protégeait la hauteur où il avait choisi son bivouac. Il y fit transporter plusieurs pièces d'artillerie de la garde et élever un double retranchement. Cette montagne qui lui rappelait une position d'Égypte toute semblable sur laquelle il avait également établi des batteries et des redoutes, s'appelait le santon, parce que les Turcs y avaient jadis fait construire un tombeau.

Dans le bas-relief l'artiste a indiqué la situation générale de l'armée et a caractérisé la circonstance particulière qu'il avait à rappeler. On voit d'abord des soldats dont quelques-uns ont fait halte et dont les autres sont en marche pour aller occu-

le Santon ——— 59 le 29 Novembre l'Empereur congédie un parlementaire russe 60 le 1er décembre l'Empereur visite ses

avant postes pendant la nuit 61 le 2 décembre l'Empereur donne ses ordres aux Généraux le matin de la bataille d'Austerlitz 62

per le poste qui leur est assigné. Viennent ensuite des groupes d'artilleurs dans l'acte de faire gravir des canons et des obusiers sur une hauteur. Plusieurs pièces sont déja en batterie tandis que d'autres sont traînées avec peine vers le sommet où elles doivent être placées.

Inscription : *Le 29 novembre l'empereur fait prendre position à l'armée et fortifie le Santon.*

PLANCHE XXXII.

Bas-relief, n° 60.

Après avoir préparé tous les éléments de victoire, Napoléon n'éprouvait plus d'autre crainte que celle de voir ses adversaires refuser une bataille sur un terrain dont les moindres accidents devaient concourir au succès de ses combinaisons. Il employa avec beaucoup d'habileté tous les artifices que la guerre autorise pour y attirer l'ennemi. Il feignit de redouter ce qu'il souhaitait avec le plus d'ardeur. Il resserra ses cantonnements, fit retrancher tous les points qui en étaient susceptibles, et défendit sévèrement toute entreprise contre les avant-postes des alliés. L'armée française, qui depuis l'ouverture de la campagne avait constamment attaqué, se borna tout à coup à prendre une attitude défensive. Un changement si rapide eut éclairé des généraux moins confiants, il ne servit qu'à redoubler leur présomption. Napoléon acheva de leur fasciner les yeux par quelques démarches habiles. Dès qu'il sut l'arrivée de l'empereur de Russie à Olmutz, il envoya pour le complimenter le général Savary, officier qui a fait preuve en tout temps d'une grande capacité d'observation. Il s'acquitta de sa mission avec intelligence. On prit sa circonspection pour de la crainte et l'on ne s'occupa plus de dissimuler les espérances que l'on avait conçues. En quelques heures, il put avoir la mesure de l'inexpérience des principaux chefs que l'armée française aurait bientôt à combattre. Aux documents que le général Savary rapporta, Napoléon voulait joindre ses propres remarques. L'avant veille de la bataille, il fit demander une entrevue à l'empereur Alexandre, qui se contenta d'envoyer son adjudant-général le prince Dolgorouki. Contre son usage, l'empereur des Français alla recevoir aux avant-postes cet officier, qui, dit l'auteur du *Précis des évènements militaires*, «pût remarquer que tout respirait dans la contenance de l'armée française, la réserve et la timidité. Le placement des grandes gardes très-rapprochées, l'ardeur avec laquelle on travaillait à se retrancher, lui persuadèrent que les fiers conquérants d'Ulm et de Vienne étaient à demi-battus. Il s'enhardit à élever le ton, à donner des conseils, à déprécier la conduite des Autrichiens. Napoléon contint son indignation et Dolgorouki donnant à cette apparente impassibilité un tout autre motif, alla redire et propager parmi les siens les fausses impressions qu'il avait reçues. »

La scène s'explique d'elle-même; l'empereur placé en avant de quelques officiers de son état-major parle avec calme à un officier russe incliné et découvert devant lui ; quelques autres généraux de la suite de celui-ci sont groupés du même côté. On voit dans le fond quelques bivouacs qui indiquent que cette entrevue se passe aux avant-postes.

Inscription : *Le 29 novembre l'empereur congédie un parlementaire russe.*

Bas-relief, n° 61.

Pendant que Napoléon resserrait sa ligne de bataille et concentrait ses ressources dans le moindre espace possible pour mieux cacher son dessein, les ennemis, au contraire, manœuvraient à découvert, et comme s'ils eussent craint que cette armée qui leur paraissait faible, compromise et presque entourée, n'échappât à leur vigilance : leurs projets étaient gigantesques, la perte de la grande armée leur paraissait infaillible. Aucune de leurs manœuvres n'échappait à Napoléon. Il aperçut avec une *indicible joie*, comme il le dit lui-même, l'armée russe à deux portées de canon de ses avant-postes, prolongeant l'armée française qui paraissait ne pas oser sortir de ses positions. Ne doutant plus de l'avantage que lui donnait la téméraire confiance de l'ennemi, il dicta une proclamation qui fut aussitôt répandue dans l'armée. « Les positions, disait-il, que nous occupons sont formidables, et « pendant qu'ils marcheront pour tourner ma droite ils me prêteront le flanc. Sol- « dats, je dirigerai moi-même tous vos bataillons, je me tiendrai loin du feu, si avec « votre bravoure accoutumée vous portez le désordre et la confusion dans les rangs « ennemis ; mais si la victoire était un moment incertaine, vous verriez votre em- « pereur s'exposer aux premiers coups. » Ce furent ces paroles qui provoquèrent cette belle réponse d'un des plus vieux grenadiers de l'armée. « Tu n'auras pas besoin de t'exposer, je te promets, au nom des grenadiers, que tu n'auras à combattre que des yeux, et que nous t'amènerons demain les drapeaux et l'artillerie russe, pour célébrer l'anniversaire de ton couronnement. » Ce langage d'un vieux soldat, la proclamation du matin, et le souvenir d'une époque mémorable, firent un effet prodigieux sur le moral de l'armée. Aussi, lorsque, le soir, l'empereur alla lui-même visiter, à pied, tous les bivouacs, sa présence excita un enthousiasme difficile à rendre. Reconnu dès les premiers pas, il causait familièrement avec les soldats, et leur rappelait les actions glorieuses où ils avaient combattu ensemble. Quelques-uns ayant allumé des torches de paille, pour mieux voir leur général, cet exemple fut promptement imité sur toute la ligne, qui présenta en un instant une immense et magnifique illumination.

Bataille d'Austerlitz — 63 Le 2 décembre des Généraux et Soldats russes faits prisonniers sont amenés à l'Empereur. 64 Le 2 10.bre une partie de l'Armée russe s'engloutit sous les flots. 65 Le 4 10.bre Conférence des deux Empereurs au bivouac près du Moulin de Saruschitz. 66 Le 6 10.bre Suspension

C'est ce moment qu'on a représenté ici. L'empereur, enveloppé d'un manteau, arrive près d'un bivouac, et s'entretient avec les soldats qui l'entourent; la plupart tiennent à la main des torches allumées.

Inscription : *Le 1er décembre, l'empereur visite ses avant-postes pendant la nuit.*

BAS-RELIEF, N° 62.

L'empereur, en préparant avec une grande habileté les dispositions qui précédèrent la bataille qu'il allait livrer, n'avait, quant à la conduite de l'action, d'autre dessein arrêté que celui de saisir l'occasion d'aborder avec des masses, et d'enfoncer les colonnes ennemies, qui, par l'obliquité de leur direction, en quittant les hauteurs où elles étaient campées, se désunissaient, et prêtaient le flanc à ses attaques. L'engagement de l'action était donc subordonné au mouvement que ferait l'ennemi pendant la nuit. Aussi, la veille au soir, un ordre fut expédié à tous les maréchaux et généraux en chef, de se trouver, le lendemain matin, à 7 heures, au bivouac de l'empereur. Ce fut là qu'entouré de ces vieux compagnons de gloire, il leur expliqua l'ordre général du combat, et leur fit entrevoir les principales chances auxquelles il faudrait parer, ou qu'il faudrait mettre à profit. Jamais son langage n'avait été plus mâle et plus calme; il fit passer dans tous les cœurs le courageux sang-froid dont il était animé, et la conviction où il était de réussir.

Le bas-relief qui consacre cette scène mémorable, représente l'empereur à cheval, entouré des maréchaux et des généraux qui avaient un commandement : son attitude est imposante, et tous l'écoutent avec une attention profonde. Le feu de bivouac est encore allumé, et des sentinelles sont couchées près de l'endroit où il venait de prendre lui-même quelque repos.

Inscription : *Le 2 décembre, l'empereur donne ses ordres aux généraux, le matin de la bataille d'Austerlitz.*

PLANCHE XXXIII.

BAS-RELIEF, N° 63, 64 et 65.

Napoléon avait si bien dérobé aux généraux ennemis la connaissance de tous ses mouvements, qu'ils se risquèrent à livrer une grande bataille, sans savoir d'une manière précise la position de l'armée qu'ils avaient à combattre. Le 2 décembre, les colonnes russes partirent des hauteurs de Pratzen, et s'étendirent vers leur gauche, dans le dessein d'attaquer le centre de l'armée française, et d'aller déborder sa droite; mais ce fut seulement avec cette aile qu'elle se trouva engagée près des villages de Telnitz et de Sokolnitz. Là, quatorze bataillons, sous les ordres du maréchal Davoust, soutinrent et arrêtèrent le premier choc des colonnes ennemies, dont le nombre était le double du leur.

Pendant ce temps, le maréchal Soult, qui commandait le centre, porta son point d'attaque en arrière des hauteurs de Pratzen, d'où l'ennemi suivait le mouvement imprimé par la direction que sa gauche avait prise. Cette manœuvre déconcerta le plan du général russe, qui se trouvait dans la nécessité de repousser les attaques d'une armée qu'il avait cru trouver immobile dans sa position défensive. Il sentit bientôt l'importance de la possession du plateau de Pratzen, qui devenait la clef de la bataille, et il y porta de nouvelles forces. Mais la faute était commise, et les généraux français étaient trop habiles et trop intrépides, pour ne pas réunir tous leurs efforts, afin d'enlever cette position. La division Vandamme, formée, ainsi que celle Saint-Hilaire, sur trois lignes, vinrent rejoindre les troupes qui en étaient déja aux mains, et attaquèrent avec tant de détermination et de rapidité, que la première et la seconde ligne russe furent successivement enfoncées, et perdirent leur artillerie. Telle est l'action que représente la première partie du bas-relief de cette bataille. Le général Vandamme et le général Saint-Hilaire, suivis de quelques bataillons, chargent une ligne de grenadiers russes, qui les attendent, la bayonnette en avant, mais dont les rangs sont déja en désordre.

Presque au même moment où le centre s'était engagé, l'aile gauche des Français, commandée par le général Lannes, s'était développée et avait pris l'offensive, de manière à causer un nouvel étonnement à l'ennemi. Ce corps d'armée qui manœuvra dans la direction d'Austerlitz, parvint à couper la plus grande partie de l'aile droite de l'armée combinée, et lui livra, en quelque sorte, un combat séparé de l'action générale. Après avoir éprouvé une résistance vigoureuse et opiniâtre, le maréchal Lannes s'empara de la position de Blazowitz, et en chassa une portion de la réserve de la garde impériale russe. Celle-ci, presque toute composée de cavalerie, sous les ordres du grand duc Constantin, chercha à regagner le centre, et tomba sur deux bataillons français dont elle était sur le point de rompre les lignes, lorsque Napoléon, qui avait été informé de cet évènement, ordonna au général Rapp de se porter en avant avec des escadrons de sa garde. Cette charge décida la victoire de ce côté, et les empereurs furent presque témoins de la défaite de leurs troupes d'élite.

Cet épisode important de la bataille est indiqué dans la seconde partie du bas-relief. On y voit le général Rapp chargeant à la tête des grenadiers à cheval : il perce de son sabre un soldat ennemi qui lui avait fait une blessure. Du côté opposé, les chasseurs de la garde impériale russe s'apprêtent à soutenir un choc auquel ils n'ont pu résister.

Battue à l'aile droite et au centre, l'armée combinée ne fut plus à même de mettre aucun ensemble dans ses opérations. A chaque instant on obtenait sur elle quelque avantage, et on faisait de nouveaux prisonniers. Le prince Repnin et sa division fut ramené à l'empereur par le général Rapp. D'autres colonnes russes, qui mirent bas les armes, furent aussi conduites devant Napoléon, auquel les généraux ennemis remettaient leurs épées, et dont les soldats imploraient la clémence. C'est ce qu'on voit dans la troisième partie du bas-relief qui porte le n° 64. L'empereur, à cheval près de la position garnie d'artillerie qu'occupait la réserve, reçoit les prisonniers de tous grades qu'on lui amène de toutes parts; ses soldats sont chargés des drapeaux qu'ils ont conquis sur le champ de bataille.

Cependant l'aile gauche de l'armée combinée prolongeait sa résistance. Ayant eu à combattre des forces moins nombreuses, et ayant été renforcée par une partie du centre, elle présentait encore une masse imposante. Mais elle ne tarda pas à être tournée et enfermée dans une plaine resserrée, ayant à dos des étangs, et pour toute retraite une chaussée étroite. Il faut rendre justice au courage malheureux. Quoique dans une position critique, l'ennemi de ce côté faisait encore bonne contenance; mais bientôt, déposté de tous les points où il se ralliait, il se trouva placé sous le feu de l'artillerie du maréchal Soult, à laquelle s'était réunie une partie de celle de la réserve de la garde. Après avoir soutenu quelque temps le feu si meurtrier des batteries françaises, il tenta de se retirer par une ancienne digue submergée, seul chemin qui lui fût encore ouvert. Les guides, persuadés que la glace paraissait assez forte pour supporter cet énorme poids, hazardèrent d'y conduire les débris de l'armée combinée; mais la glace se rompit avec fracas : hommes, chevaux, voitures, tout fut englouti. Napoléon vit, de la hauteur de la Chapelle, cet affreux spectacle dont on a cherché à donner une idée dans la quatrième et dernière partie du bas-relief n° 65. Des soldats, le corps à moitié enfoncé sous les glaçons, se débattent contre cet affreux genre de mort, ou élèvent leurs mains vers le ciel, en signe de désespoir.

Ainsi finit cette journée si glorieuse pour l'armée française, et si meurtrière pour l'armée combinée. Il faudrait un espace beaucoup moins resserré que celui que comporte cette description, pour faire connaître le plan général conçu par l'empereur, les modifications ou les développements habiles, rapides, multipliés qu'y ont apportés, suivant les circonstances, les généraux en chef; enfin, les actions d'éclat, les traits de bravoure et de dévouement dont peut s'énorgueillir chacun des officiers et des soldats qui ont pris part à cette bataille mémorable, que Napoléon appelait un combat de géants. Mais on a dû se borner à un simple aperçu de l'ensemble des opérations, et à présenter une explication plus détaillée des principaux épisodes que le statuaire a reproduits, parce qu'ils ont déterminé la victoire, ou caractérisé ses résultats.

Inscriptions de ces diverses parties de bas-relief qui n'en forment réellement qu'un seul :

Le 2 décembre, bataille d'Austerlitz. — Le 2 décembre, des généraux et des soldats russes, faits prisonniers, sont amenés à l'empereur. — Le 2 décembre, une partie de l'armée russe s'engloutit sous les flots.

Bas-relief, n° 66.

Avant la fin de la bataille d'Austerlitz, les deux empereurs, Alexandre et François, reconnurent l'étendue de la perte que leurs armées réunies venaient de faire, et l'impossibilité de la réparer de long-temps. Pour prévenir de plus grands désastres, ils résolurent d'en appeler à la magnanimité du vainqueur. Le prince de Lichtenstein, qui jouissait de quelque considération auprès de Napoléon, fut envoyé en toute hâte au quartier-général français. Il arriva au milieu de la nuit aux avant-postes du maréchal Bernadotte, et fut conduit sur-le-champ près de l'empereur, qui parcourait le champ de bataille, pour presser les soins qu'on devait aux blessés. Napoléon accueillit avec bienveillance ce parlementaire dont la mission avait pour objet de demander un armistice au nom de son souverain, et de préparer une entrevue où les deux monarques régleraient les conditions préliminaires de la paix. Tout en accédant à des vœux qui étaient d'accord avec sa politique et ses intérêts, l'empereur fit néanmoins entendre qu'il ne pouvait arrêter subitement le mouvement de ses colonnes, et ne pas recueillir ainsi le fruit de sa victoire. Il n'accepta donc que pour le surlendemain, 4, l'entrevue que l'empereur François II paraissait si empressé d'obtenir. Le 3, les opérations de l'armée continuèrent, et le 4, les hostilités ayant cessé à la pointe du jour, comme il était convenu, Napoléon s'était rendu aux avant-postes, près du moulin de Saruschitz, et avait fait établir son bivouac au bord de la grande route. Il y attendit l'empereur d'Autriche, alla au-devant de lui, lorsqu'il mit pied à terre, et l'invita à s'approcher du feu de son bivouac. « Je vous reçois, lui dit-il, dans le seul palais « que j'habite depuis deux mois. » — « Vous tirez si bon parti de cette habitation, « qu'elle doit vous plaire », répondit l'empereur François, en essayant de sourire. Au même moment, les officiers de leur suite s'éloignèrent par discrétion, et les deux monarques s'entretinrent long-temps; leur entrevue dura plus de deux heures. L'empereur des Français promit d'arrêter la marche de ses troupes, et de ne point poursuivre les débris de l'armée russe, sous la condition qu'ils se retireraient en Russie, et que l'empereur Alexandre ferait évacuer immédiatement par ses troupes l'Allemagne et la Pologne autrichienne et prussienne. L'empereur d'Autriche engagea sa parole; et le général Savary ayant été envoyé auprès d'Alexandre, ce prince y joignit la sienne.

Un manteau jeté sur un arbre forme l'abri où se passe l'entrevue des deux empereurs; près de là est un feu de bivouac autour duquel sont groupés des officiers français : les officiers de la suite de l'empereur d'Autriche sont placés derrière ce monarque qui s'entretient avec Napoléon. Le fond est occupé par la voiture qui a amené l'empereur François, et par une roue, emblème que les anciens employaient dans leurs bas-reliefs et leurs médailles, pour caractériser une grande route.

Inscription : *Le 4 décembre, les deux empereurs au bivouac près du moulin de Saruschitz.*

Bas-relief, n° 67.

Le général Savary ayant rapporté l'adhésion de l'empereur de Russie aux conditions proposées par l'empereur François, et acceptées par Napoléon, le maréchal Berthier et le prince de Lichtenstein signèrent, à Austerlitz, l'armistice conclu entre l'empereur de France et l'empereur d'Autriche, voulant arriver à des négociations définitives, pour mettre fin à la guerre qui désolait les deux états. Cet armistice devait durer jusqu'à la conclusion de la paix, ou jusqu'à la rupture des négociations. Les conditions principales étaient au nombre de trois : la première traçait la ligne respective des deux armées; par la seconde était fixé le départ de l'armée russe; et l'on prohibait, par la troisième, toute espèce de levée en masse ou d'insurrection, en Bohême ou en Hongrie, comme aussi l'introduction d'aucune troupe étrangère sur le territoire autrichien.

La signature de cette convention fut suivie d'une proclamation de l'empereur à son armée. « Soldats, leur disait-il, je suis content de vous.... Vous avez décoré « vos aigles d'une gloire immortelle. Mon peuple vous reverra avec joie; et il vous « suffira de dire : j'étais à la bataille d'Austerlitz, pour qu'on vous réponde : « voilà un brave. » Après tant de fatigues, le moment d'un repos si glorieux fut goûté avec délices; toute l'armée célébra ses triomphes par des réjouissances militaires.

On a cherché à caractériser cette partie de la campagne, en groupant dans ce bas-relief des soldats de toutes armes fraternisant entre eux, et portant des toasts à celui qui les avait conduits si rapidement à la victoire.

Inscription : *Le 6 décembre, suspension d'armes.*

PLANCHE XXXIV.

Bas-relief, n° 68.

Dans l'intervalle de la suspension d'armes à la conclusion du traité de paix, Napoléon frappa l'Autriche et la Moravie de plusieurs contributions de guerre destinées à récompenser les braves compagnons de sa gloire; il ordonna, en outre, l'évacuation de tous les dépôts d'armes. Un des plus importants était celui de Vienne; non-seulement il s'y trouvait un parc immense d'artillerie, mais une collection précieuse d'armures des temps de la chevalerie. Ces divers objets furent transportés avec les plus grands soins en France : les uns allèrent enrichir le muséum; les autres servirent, comme on l'a déja dit au commencement de cette description, à ériger le monument qui devait éterniser le souvenir d'une campagne si mémorable.

Des soldats sont occupés à charger sur des chariots des casques, des cuirasses, et toutes les pièces dont se composait l'armure des anciens chevaliers, et de leurs chevaux. Sur d'autres voitures se trouvent entassées des pièces de canon de différents calibres; la porte sous laquelle passent ces militaires, caractérise la capitale de l'Autriche.

Inscription : *Les canons et les armures de l'arsenal impérial de Vienne sont transportés en France.*

Bas-relief, n° 69.

Quoique la paix eût été demandée par ses adversaires mêmes, Napoléon se tenait sur ses gardes, et mettait, dans toutes ses dispositions militaires, la même surveillance que si les hostilités devaient être reprises. Il avait aussi donné les ordres les plus précis à M. de Talleyrand, ministre des relations extérieures, de hâter le moment des négociations, et d'en stipuler l'intégralité avec une inflexible rigueur. Ce ministre vint aussitôt à Brunn : il parcourut le champ de bataille encore couvert de morts. Le maréchal Lannes en lui montrant l'endroit où le carnage avait été le plus horrible, lui dit «qu'on y avait taillé ses plumes à coups de sabre.» Il fut rejoint dans cette ville par le prince de Lichtenstein et le comte de Giulay, chargés des pleins pouvoirs de l'empereur François II. On choisit alors Presbourg, pour y traiter définitivement de la paix. La conclusion n'en était pas moins desirée par le peuple que par le cabinet autrichien. Aussi, lorsque le plénipotentiaire français passa le Danube, pour se rendre au lieu des conférences, il fut accueilli par les habitants comme un libérateur.

On a cherché à rappeler ici cette circonstance, en plaçant sur la rive du fleuve

67 Les canons et les armures de l'arsenal impérial de Vienne sont transportés en France.

68 Le Ministre des Relations extérieures passe le Danube devant Presbourg.

69 le 26 décembre paix de Presbourg.

70 Venise rendue à l'Italie.

71 Ratification du traité de Presbourg. L'Électeur de Bavière et l'Électeur de Wurtemberg sont proclamés Rois.

que traverse M. de Talleyrand dans une barque, un groupe d'habitants qui, par leur attitude, expriment le sentiment dont ils sont animés.

Inscription : *Le ministre des relations extérieures passe le Danube devant Presbourg.*

BAS-RELIEF, N° 70.

Les conférences pour la conclusion de la paix ne durèrent, à Presbourg, que peu de jours. Quelque accablantes que fussent les conditions imposées à l'Autriche, l'empereur François s'y soumit avec résignation. Le grand objet de Napoléon, dans le traité, était de mettre l'empereur d'Allemagne hors d'état de prêter son appui aux ligues qui pourraient être, par la suite, formées contre lui sur le continent. On ne se contenta pas d'enlever à cette puissance ses frontières naturelles de l'Est et du Sud, le Tyrol et les états vénitiens; mais on fit de ces mêmes frontières une ligne formidable contre elle. Circonscrite dans le bassin du Danube, l'Autriche vit ses possessions investies de toutes parts, et ses communications militaires et commerciales interceptées, sur tous les points où elles pouvaient être dangereuses pour les Français, ou profitables pour elle.

Il fut convenu que la France conserverait en toute propriété les pays et territoires, régis au-delà des Alpes par les lois et les administrations françaises; que les états de la république de Venise seraient réunis à perpétuité au royaume d'Italie, et enfin que les alliés de Napoléon, les électeurs de Bavière et de Wurtemberg prendraient désormais le titre de roi, et que leurs états seraient ainsi que ceux de l'électeur de Bade agrandis aux dépens des possessions autrichiennes. Telles furent les bases du traité de Presbourg, immense résultat d'une campagne de trois mois.

Dans une des salles du palais de Presbourg, les ministres apposent leur signature au traité qui vient d'être arrêté aux noms de leurs souverains respectifs. Un factionnaire est placé au pied du palais où se sont réunis les deux plénipotentiaires.

BAS-RELIEF, N° 71.

Immédiatement après la suspension d'armes, Napoléon avait fait opérer à la grande armée un mouvement qui embrassait tout le théâtre de la guerre. L'armée d'Italie y avait participé, elle se trouvait par là divisée en trois corps d'armée; l'un dans le Tyrol était sous les ordres du général Masséna : le général Gouvion-Saint-Cyr s'était mis à la tête d'un autre corps pour marcher sur Naples. Enfin le troisième placé sous le commandement du prince Eugène Beauharnais, eut ordre de prendre possession des états vénitiens, annexés par le traité de Presbourg au royaume d'Italie. Il était stipulé dans l'article 23 de ce traité que des commissaires français et autrichiens seraient nommés pour veiller à la séparation de l'artillerie et du matériel appartenant à la république de Venise, de ce qui appartenait à l'Autriche.

On a exprimé ici ces conditions du traité, un commissaire de chaque nation font le partage de deux pièces de canon, placées en avant d'une porte de ville. Déja les autorités autrichiennes s'éloignent dans une gondole, transport ordinaire dans ce pays, et des soldats autrichiens de la garnison sont aussi au moment de sortir dans une barque. Le lieu de la scène est caractérisé par le Lion de Saint-Marc, monument qui décorait alors la principale place de Venise.

Inscription : *Venise rendue à l'Italie.*

Bas-relief, n° 72.

Le dévouement que des électeurs de Bavière, de Wurtemberg et de Bade avaient témoigné à la cause de Napoléon, ne resta pas sans récompense. A la paix de Presbourg, par l'article 7 du traité, l'empereur d'Allemagne et d'Autriche reconnaissait le titre de roi que les deux premiers avaient pris : par l'article 8, il cédait :

Au roi de Bavière, le margraviat de Burgaw, la principauté d'Eischtadt, une partie du territoire de Passau, le comté de Tyrol, les sept seigneuries du Voralberg, la ville et le territoire de Lindau et plusieurs autres comtés et seigneuries.

Au roi de Wurtemberg, les cinq villes dites du Danube avec leurs dépendances, le haut et le bas comté de Hohenberg, le landgraviat de Nellemburg et la préfecture d'Altorf, une partie du Brisgaw, et les villes et territoires de Willingen et Brentingen.

A l'électeur de Bade, l'autre partie de Brisgaw, la ville de Constance et la commanderie de Meinau.

Napoléon ayant ratifié le traité le lendemain du jour où il avait été signé, il éleva ses alliés au nouveau rang que l'empereur d'Autriche venait de reconnaître. C'est ce qu'on voit dans ce bas-relief, au moment où l'empereur des Français rend à l'envoyé autrichien le traité qu'il vient d'approuver, on remet aux nouveaux monarques les insignes de la royauté, et au prince de Bade les marques de ses nouvelles possessions. Cette scène se passe dans une des salles du palais de Schœnbrunn où Napoléon était de retour.

Inscriptions : *Ratification du traité de Presbourg. L'électeur de Bavière et l'électeur de Wurtemberg sont proclamés rois.*

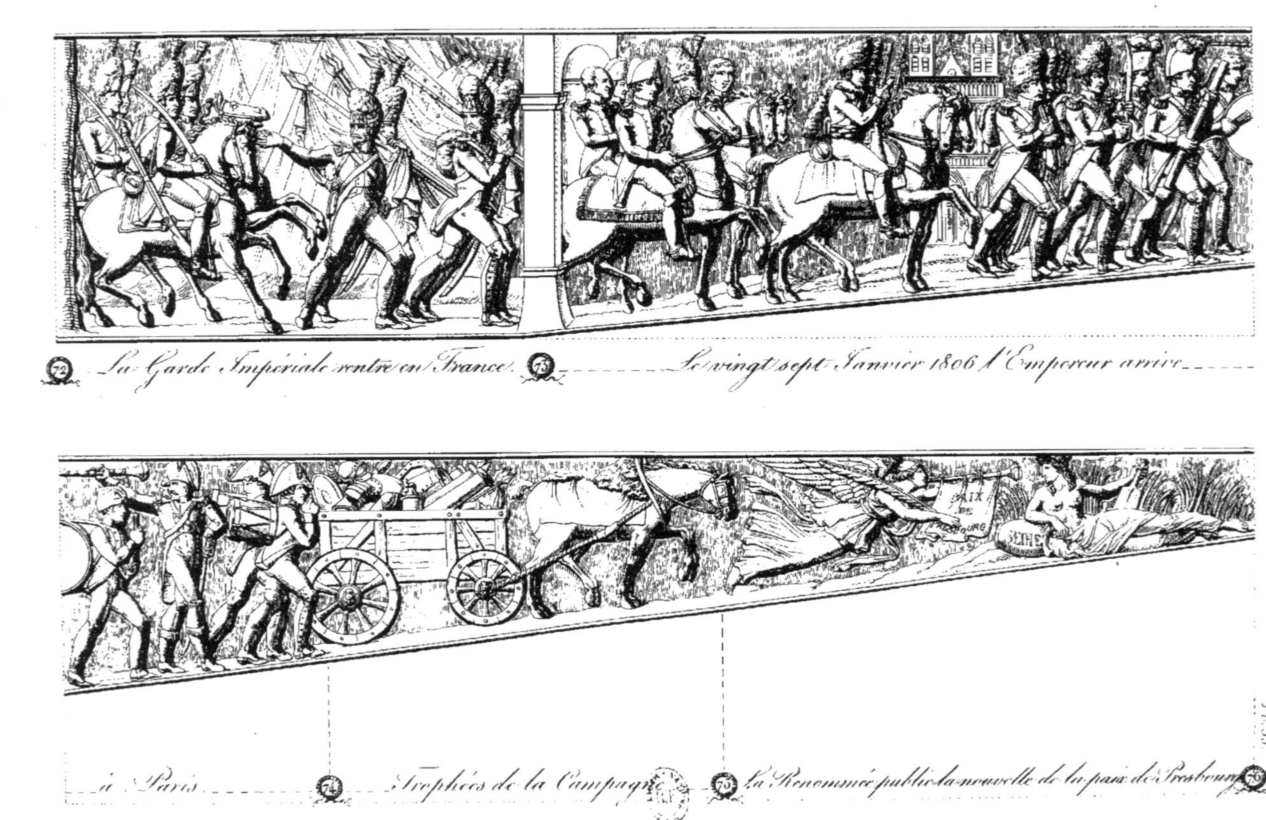

72 La Garde Impériale rentre en France. 73 Le vingt sept Janvier 1806 l'Empereur arrive à Paris 74 Trophées de la Campagne 75 La Renommée publie la nouvelle de la paix de Presbourg 76

Pl. 35.

PLANCHE XXXV.

Bas-relief, n° 73.

Avant de quitter Schœnbrunn pour revenir en France, l'empereur avait, dans une proclamation, annoncé à ses troupes leur prochain retour, et les nouvelles récompenses qu'il leur accorderait. « Soldats, » leur disait-il, « je donnerai une grande « fête aux premiers jours de mai à Paris; vous y serez tous, et après nous irons « où nous appelleront le bonheur de notre patrie et les intérêts de notre gloire. » Bientôt tous les corps de l'armée se mirent en marche; et il faut le dire à l'honneur de ces braves, après avoir donné des preuves de la plus vive intrépidité, ils offrirent l'exemple de la plus sévère discipline. Le passage dans le pays conquis fut supporté sans plainte, et en France il fut marqué par une suite de fêtes non interrompues.

On a figuré seulement ici une marche des grenadiers à pied et à cheval de la garde impériale; ces guerriers chargés des drapeaux conquis sur l'ennemi, revoyent avec allégresse la patrie qu'ils ont honorée par leurs triomphes; des tentes sont élevées partout sur leur passage.

Inscription : *La garde impériale rentre en France.*

Bas-relief, n° 74.

Après une campagne si glorieuse pour l'armée, et qui semblait promettre à la nation de longs jours de paix, le retour de l'empereur dans sa capitale fut célébré par des réjouissances publiques auxquelles toute la population assista avec empressement et avec joie. On a représenté sa rentrée à Paris au moment, où suivi d'une partie de son état-major, Napoléon passe à cheval sous l'arc triomphal de la porte Saint-Martin; la musique militaire précède le cortége; viennent ensuite des grenadiers de la garde, puis les guides qui marchent en éclaireurs. On aperçoit au fond le portail de Notre-Dame, où tout le clergé célèbre en grande pompe le service divin, et fait chanter un *Te Deum* pour l'heureux retour de l'empereur des Français.

Inscription : *Le* 27 *janvier* 1806, *l'empereur arrive à Paris.*

Bas-relief, n° 75.

Les dépouilles opimes de l'ennemi sont transportées en France, et viennent grossir le vaste dépôt des arts formé par les soins de Napoléon. A chaque nouveau triomphe, le Muséum s'enrichissait de quelque monument nouveau enlevé aux nations vaincues, soit par des traités, soit par droit de conquête. Cet usage que des peuples jaloux ont traité de barbare, était tout à l'avantage des arts. Placer ainsi les productions du génie au centre de la civilisation, c'était les rendre à leur destination véritable, c'était en former un foyer de gloire, d'instruction et de goût où venaient s'échauffer et s'épurer tous les imitateurs et tous les talents. L'expérience a prouvé la justesse de cette observation. La décadence des arts en Europe date de la spoliation du Muséum.

On a figuré l'arrivée à Paris des objets qui ont long-temps décoré l'une des salles du Louvre, ou qui ont servi à l'érection de la colonne, par un charriot chargé d'armes, d'étendards, et de pièces d'artillerie.

Inscription : *Trophées de la campagne.*

Bas-relief, n° 76.

C'est ici que finit la série de bas-reliefs, où sont représentés les principaux faits de la campagne de 1805. La déesse aux cents voix précipite son vol aux rives de la Seine. Elle vient annoncer les exploits dont elle a été témoin, et dont la paix de Presbourg a été le terme. On voit la figure de la Seine appuyée sur son urne, et prêtant une oreille attentive aux sons éclatants, dont la renommée fait retentir les airs. Ces deux figures remplissent d'une manière très-pittoresque la forme anguleuse donnée par l'extrémité de la spirale.

Inscription : *La renommée publie la nouvelle de la paix de Presbourg.*

PLANCHE XXXVI.

Statue de l'empereur Napoléon.

Dans le premier projet de la colonne, ce monument devait être couronné par la statue de Charlemagne. Napoléon qui savait entrevoir les vicissitudes de la fortune, s'opposa long-temps aux instances de la flatterie. Ce ne fut qu'après la campagne de Prusse et de Pologne, qu'enivré de tout l'éclat d'un nouveau triomphe, il consentit à se voir élever une statue de son vivant. Le célèbre Chaudet, qui alors occupait le premier rang dans la sculpture, fut choisi pour reproduire les traits du vainqueur d'Austerlitz. Son talent ne resta point au dessous d'un ouvrage aussi difficile. Le modèle qu'il exécuta en peu de temps, obtint tous les suffrages, et fut coulé en bronze presque d'un seul jet et avec une rare perfection. Un bras et une partie de la draperie étaient seuls rapportés; le reste de la figure

Statue Colossale de Napoléon
qui surmontait la Colonne de la Grande Armée,
maintenant remplacée par un Drapeau fleurdelisé

était d'une seule pièce; la proportion en était de dix pieds, six pouces, y compris la plinthe et son poids d'environ onze milliers.

M. Chaudet, d'accord avec les architectes, avait combiné toutes les proportions de sa figure avec les proportions du monument. Le costume même et l'espace vide qu'on avait laissé entre les jambes avait été calculé pour l'effet pittoresque de l'ensemble. Napoléon, à la manière des empereurs romains, est vêtu d'une simple chlamyde, et a la tête ornée d'une couronne de lauriers; d'une main il s'appuie sur le glaive qui fait la destinée des empires, de l'autre, il tient le globe que surmonte une victoire ailée. Cette petite figure a été moulée sur l'antique. Cette statue, d'un aspect vraiment monumental, était du style le plus sévère, et avait le mérite d'une parfaite ressemblance.

Il semble que les monuments des arts devraient être hors de l'atteinte des révolutions politiques. A Rome et dans Athènes, les factions qui se succédaient ne portaient point une main sacrilége sur les productions du génie. Ce sont les barbares qui, à la suite de leurs invasions, ravagèrent l'Italie et la Grèce. En France, un spectacle bien différent a frappé tous les yeux; sans l'intercession de l'étranger, quelques Français ou plutôt quelques vandales eussent détruit de fond en comble la colonne, comme ils en ont mutilé le couronnement.

Le lendemain de la première entrée de l'ennemi dans la capitale, plusieurs hommes sans mission profitèrent du premier moment de stupeur pour renverser l'image d'une idole que la plupart avait encensée. Leurs tentatives furent d'abord sans résultats : ces hommes qui avaient le désir de la destruction sans en avoir même le génie, commencèrent par faire attacher à la figure des cables à l'extrémité desquels ils attelèrent plusieurs chevaux. Ils ne songeaient point que l'angle sur lequel ils opéraient, ne faisait que multiplier la résistance. Las de l'inutilité de leurs efforts, ils proposaient déja de faire jouer la mine, lorsque le fondeur qui avait coulé la statue vint offrir ses services. Des chèvres furent élevées au faîte de la colonne, et après avoir scié les jambes au-dessous des chevilles, on parvint, non sans peine, à enlever et à descendre cette figure, qui fut transportée dans les magasins mêmes où elle avait été fondue. Là ne se borna point la profanation, plus tard on eut besoin de bronze pour couler un autre monument, et l'un des plus beaux ouvrages du statuaire qui avait été long-temps le chef de notre école, fut impitoyablement brisé et jeté à la fonte comme de la matière brute. Pour effacer un pareil trait du vandalisme, il serait temps de réparer la mutilation faite à la colonne, en remplaçant la statue de Napoléon par une figure allégorique de la France ou de la gloire. On a exprimé ce vœu au commencement de cette description, on le renouvelle ici au nom de tous les artistes et de tous les amis des arts.

La gravure où cette statue est fidèlement reproduite peut donner une idée de l'ensemble et même du style de cette figure; elle est placée sur la calotte de bronze qui sert de dôme à l'espèce de lanterne du chapiteau. Cette calotte a été fondue d'un seul morceau.

PLANCHES XXXVII et XXXVIII.

Pour ne rien laisser à désirer aux souscripteurs de cet ouvrage, on a réuni dans ces deux planches tous les détails qui ont rapport aux diverses parties de la colonne. Dans la première, sont groupés les profils du piédestal du chapiteau et même de la porte; dans la seconde on a donné le plan et l'élévation de la charpente, qui a servi à la construction du monument. Cette charpente, exécutée par M. Lacaze, sur les dessins de M. Le Père, architecte de la colonne, était regardée par tous les gens de l'art, comme un chef-d'œuvre de légèreté et de solidité. La même planche contient en outre une partie de la coupe du monument, de manière à laisser voir la disposition de l'escalier qui conduit de la base au chapiteau.

Les Bas-reliefs et les ornements dont on vient d'offrir la gravure et la description avaient, d'après les ordres du gouvernement d'alors, été recueillis, dessinés et gravés pour en former un grand ouvrage, qui devait paraître le 15 août 1810, époque où la *Colonne de la grande armée* a été livrée à tous les regards. Des motifs de convenance en firent ajourner la publication. Napoléon venait de s'allier à la maison impériale d'Autriche, par son mariage avec l'archiduchesse Marie-Louise : il ne voulut point permettre qu'on multipliât l'image de trophées peu glorieux pour les armes d'une famille devenue la sienne. Les journaux du temps furent tenus aussi à une grande réserve, et l'on y chercherait en vain des indications satisfaisantes sur un monument généralement admiré dans son ensemble; mais très-peu connu dans ses détails.

Détails des Ornemens,
1 du Chapiteau, 2 de la Base et du Tore, 3 du Piédestal, 4 de la Lanterne, 5 de la Porte.

D'autres événements politiques sont venus à la traverse, et cette grande page de notre histoire militaire continuait de demeurer presque inintelligible pour tous ceux dont elle frappait les regards. Nous avons cherché à donner à chacun la facilité d'en mieux saisir le sens, d'en mieux apprécier le mérite, en approchant des traits que nous avons fidèlement reproduits, les faits et les souvenirs qui leur donnent plus de saillie. Puisse notre travail atteindre le but que nous nous sommes proposé, celui d'ajouter à l'éclat d'un monument qui attestera d'âge en âge, quels ont été à une époque mémorable la gloire de nos armes et le génie de nos artistes.

FIN.

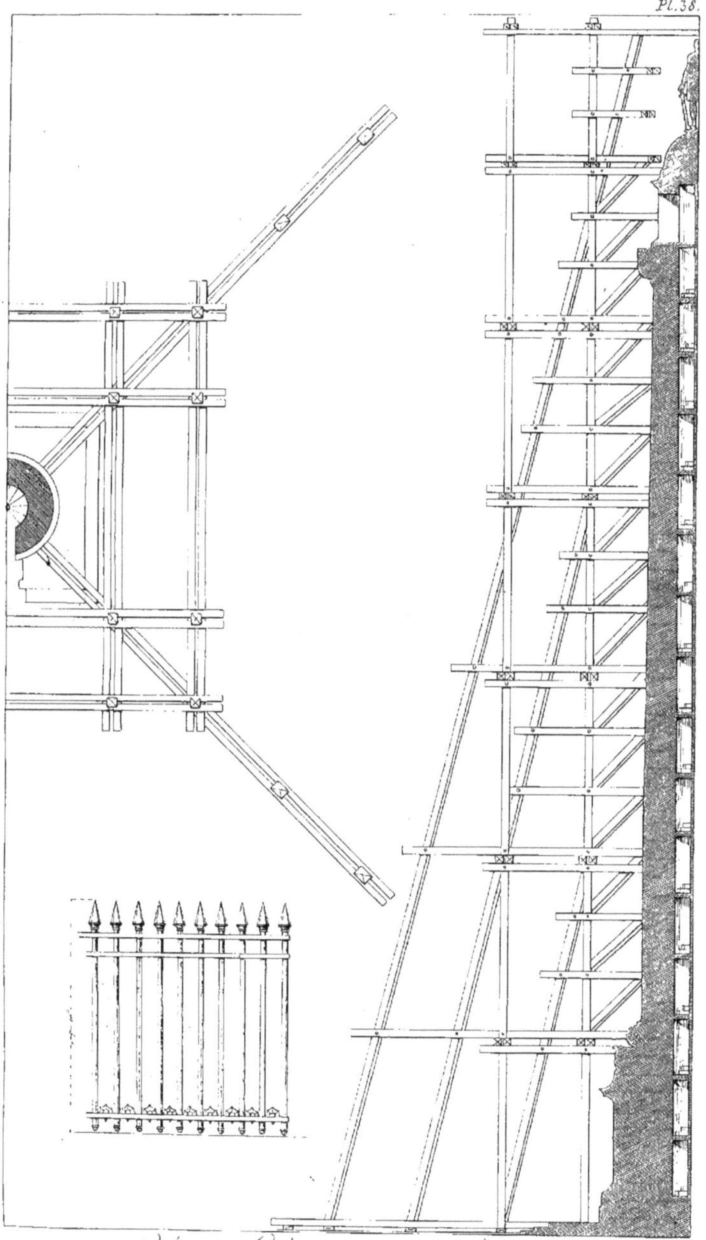

Plan et Élévation de la Charpente
et détails de la Grille du Perron

www.ingramcontent.com/pod-product-compliance
Lightning Source LLC
LaVergne TN
LVHW010609110826
845149LV00003B/838

* 9 7 8 2 0 1 4 4 7 6 9 0 3 *